VIE

DE LA

R. MÈRE JOSEPH

SUPÉRIEURE GÉNÉRALE

DES SŒURS DE LA PROVIDENCE

DE LANGRES

Par M. l'abbé Z. MARCHAL

Aumônier

LANGRES

IMPRIMERIE ET LIBRAIRIE FIRMIN-DANGIEN

3, rue de l'Homme-Sauvage, 3

1875

VIE

DE

LA R. M. JOSEPH

VIE

DE LA

R. MÈRE JOSEPH

SUPÉRIEURE GÉNÉRALE
DES SŒURS DE LA PROVIDENCE
DE LANGRES

Par M. l'abbé Z. MARCHAL

Aumônier

LANGRES

IMPRIMERIE ET LIBRAIRIE FIRMIN DANGIEN

3, rue de l'Homme-Sauvage, 3

1875

A Monsieur l'aumônier des sœurs de la Providence.

Langres, le 17 août 1875.

Mon cher abbé,

J'ai lu avec un vif intérêt et une bien douce satisfaction le petit livre que vous venez de composer pour les sœurs de la Providence. Vous ne pouviez leur faire un plus beau et un meilleur présent, ni leur donner une marque plus touchante de votre désir de leur être utile et de votre zèle pour leur sanctification.

C'est mieux qu'une savante théorie de leurs devoirs, c'est la vie religieuse en action que vous mettez sous leurs yeux, en résumant et en reproduisant dans leur admirable simplicité les paroles et les actes de leur ancienne Mère Joseph. C'est un modèle rendu vivant, qu'elles contempleront avec une sainte avidité et un affectueux respect, et qui, en leur montrant, de la manière la plus persuasive, ce qu'elles ont à faire pour répondre parfaitement à leur vocation, stimulera leur zèle, entretiendra leur ferveur, fortifiera leur courage au milieu des épreuves, et conservera ou ranimera parmi elles l'esprit primitif de leur Institut.

Ce sera pour elles un véritable trésor, qu'elles sauront apprécier et dont elles tireront, j'en ai la confiance, un immense profit. Je vous remercie pour elles, et aussi pour moi, qui, comme vous, ne désire rien tant que leur perfection et leur bonheur.

Agréez, mon cher abbé, l'assurance de mon affectueux dévouement,

† JEAN, *Ev. de Langres.*

AUX SŒURS DE LA PROVIDENCE
DE LANGRES

MES CHÈRES SŒURS,

A peine votre vénérée Mère Joseph avait-elle quitté la terre, qu'un certain nombre de ses filles, en particulier la bonne Mère Esther et sœur Justin, de douce et sainte mémoire, me prièrent de raconter dans une notice les faits principaux d'une si belle vie. La proposition, je l'avoue, ne me fut pas désagréable. J'avais connu si intimement cette âme d'élite! Mais il me fallait des documents. On en trouva ; on me fournit des notes, on me communiqua des cahiers écrits entièrement de la main de la regrettée supérieure. De mon côté, j'interrogeai les personnes qui avaient le mieux connu la Mère Joseph, surtout les sœurs qui avaient été ses compagnes à Poissons. Je me mis à l'œuvre et ne tardai pas à m'apercevoir que je possédais un vrai trésor pour les sœurs de la Providence. C'est le fruit de mon travail que je vous offre aujourd'hui.

Je l'ai entrepris dans un double but : d'abord, pour conserver à la communauté, comme un héritage précieux, les paroles et les actes de l'un de ses membres les plus distingués ; ensuite, pour présenter à votre imitation un si beau modèle. C'est donc le spectacle de la vie si simple et si religieuse de sœur Joseph que je veux offrir à votre contemplation, ce sont ses paroles que j'essaie de rappeler à votre souvenir, c'est son esprit que je désire perpétuer parmi vous, c'est elle enfin que j'ai l'intention de faire revivre pour vous instruire et vous édifier encore. Puissé-je avoir réussi dans mon dessein !

J'aurai cette consolation si je vois que cette chère congrégation conserve et augmente l'esprit d'obéissance et de simplicité, l'esprit de dévouement et de sacrifice, l'esprit de pauvreté et de renoncement qu'a cherché à lui inculquer pendant vingt-huit années la bonne Mère Joseph. Imitez donc celle qui fut si longtemps votre Mère et soyez dociles aux leçons qu'elle vous donne encore du fond de son tombeau, ou plutôt qu'elle vous envoie du haut des cieux ; car c'est là, nous en avons la douce confiance, qu'elle vous attend dans la gloire.

Je ne vous demande que cette grâce, avec un petit souvenir devant le bon Dieu, pour le temps que j'ai passé à écrire ce modeste volume.

Langres, le 15 août 1875,

VIE

DE LA R. MÈRE JOSEPH

Supérieure générale
des Sœurs de la Providence de Langres

CHAPITRE I

Enfance et première éducation de Marie-Jeanne. — Son noviciat.

Marie-Jeanne Carbillet, en religion sœur Joseph, naquit au village de Cuves, près de Clefmont, le 14 janvier 1798. Son père, Joseph Carbillet, et sa mère, Marie-Catherine Testevuide, étaient d'honnêtes ouvriers vivant tranquillement de leur travail ; mais s'ils n'avaient pas de fortune, ils possédaient les seuls biens qui peuvent rendre une famille heureuse : la foi et la crainte de Dieu. Marie-Jeanne était la plus jeune de cinq filles dont trois sont mortes en bas âge. Elle fut baptisée le jour même de sa naissance dans la maison paternelle, avec un petit voisin, par un vénérable prêtre qui exerçait en secret les fonctions du saint ministère. « La cérémonie de mon baptême n'a pas été brillante, » disait-elle quelquefois, quand devenue la Mère Joseph elle dirigeait la Communauté, « j'ai été baptisée sur une petite table carrée, mais j'ai eu un bonheur rare à cette malheureuse époque, j'ai reçu le saint baptême des mains d'un prêtre non assermenté.

A l'extrémité du village, tout près d'un petit bois, se trouve une chapelle où les habitants de la contrée viennent encore aujourd'hui vénérer une antique statue représentant Notre-Dame-des-Sept-Douleurs. D'après la tradition, cette statue a été apportée à Cuves par un religieux d'Einsiedeln. La chapelle, appelée l'Ermitage, a été bâtie au XVIIe siècle et fut pour le pays une source de bénédictions; dans les tristes temps de la Révolution, des prêtres s'y étaient réfugiés et c'est de là que sortait celui qui a baptisé Marie-Jeanne (1).

(1) Nous ferons sans doute plaisir à nos lecteurs en transcrivant cette petite *Notice sur la chapelle de Cuves*, que M. l'abbé Chantôme, curé de Choisy-le-Roi, a eu la bonté de nous envoyer :

Voici ce qui m'a été raconté par plusieurs personnes très-graves et dont le témoignage se fondait sur une tradition ancienne et non interrompue, concordant du reste avec le nom de N.-D.-des-Ermites que la chapelle a toujours porté : ce qui donne au récit un caractère de véracité qui me paraît assez frappant.

Il y a environ six cents ans, c'est-à-dire au treizième siècle, au village de Longchamp-les-Millières, vivait un homme du peuple qui devint complètement aveugle. Dans sa douleur et sa misère, il apprit que la Sainte-Vierge faisait de nombreux miracles à Einsiedeln en Suisse. Il eut foi que la bonne Vierge le guérirait de sa cécité s'il y allait à pied en pèlerinage, et il accomplit son projet en se faisant conduire par son fils encore jeune. Après bien des jours de marche et bien des difficultés qui existaient alors pour un tel

Dès l'âge le plus tendre, Marie-Jeanne montra de l'inclination à la piété. Elle aimait beaucoup la prière : « J'ai toujours aimé, racontait-elle plus tard, j'ai toujours aimé dire mon chapelet, et je me rappelle que maman avait un gros chapelet en bois qu'elle cachait dans un petit coin de notre armoire. Quand je pouvais le trouver, je le

voyage, il arriva au sanctuaire de Notre-Dame-des-Ermites. Là, à genoux devant l'image de la Vierge, il fit vœu, s'il recouvrait la vue, de rapporter lui-même une statue en pierre taillée sur le modèle de la statue miraculeuse et de la déposer dans une chapelle qu'il élèverait dans son pays. A peine avait-il fait sa prière et son vœu que la vue lui fut pleinement rendue. Fidèle à sa promesse et tout heureux de sa guérison, il fit sculpter en pierre grossière du pays une image de la Sainte-Vierge et, malgré sa pesanteur, il la rapporta dans ses bras en se dirigeant plein de joie vers son pays natal.

Arrivés au vallon de Cuves les deux pèlerins résolurent de se reposer auprès de la fontaine qui coule à quelques pas de la chapelle. Dans ce petit coin de bois, entre le chemin de Perrusse et celui de Longchamp, se trouvait un amas de pierres brutes redouté de tous à cause d'une quantité de vipères qui y pullulaient. Les voyageurs déposèrent la statue sur une énorme pierre qui couronnait toutes les autres et se reposèrent tranquillement. Mais quand ils voulurent la reprendre, ils ne purent la remuer, quelques efforts retournais dans tous les sens, mais, hélas! j'étais obligée de m'en passer souvent; il est bon de vous dire qu'on n'avait pas alors des chapelets aussi facilement que maintenant. Que faire? Je mettais de petites pierres dans mon tablier et je récitais autant d'*Ave Maria* que j'avais de pierres. J'avais quatre ou cinq ans. Lors-

qu'ils fissent. Frappé du prodige, le miraculé comprit que la Vierge voulait rester en ce lieu solitaire, dans la petite et fraîche vallée cachée comme une oasis au milieu d'arides montagnes et tout près de l'abondante et limpide fontaine. Ils se mirent à genoux pour être les premiers à vénérer la Vierge sous le titre de Notre-Dame-des-Ermites. Après leur prière, ils construisirent avec les pierres qui étaient sous leurs mains une niche rustique et publièrent partout les miracles dont ils avaient été témoins. Un concours nombreux de pèlerins eut bientôt lieu dans la bénite vallée, des prodiges renouvelés dans les siècles suivants maintinrent la dévotion populaire. On a remarqué que depuis l'arrivée de la statue miraculeuse, les vipères ne parurent plus dans ces roches dont l'exposition en plein midi semblait leur offrir un asile favorable. Bientôt cependant, sur le terrain déblayé, on construisit une chapelle plus convenable; plus tard deux Frères de la Congrégation de Saint-Jean, établie au diocèse de Langres, viennent garder le sanctuaire, bâtissent un ermitage attenant à la chapelle, défrichent deux jardins et ne quittent les lieux qu'à la Révolution française.

que j'ai été plus grande, j'ai pu avoir une de ces petites couronnes que l'on mettait dans le pouce et que vous connaissez. »

C'est à cette époque de sa vie que nous devons rapporter le fait merveilleux qu'elle a raconté plusieurs fois. « Un jour, disait-elle, que je m'amusais sur le seuil de notre porte, j'aperçus dans les airs une croix assez grande et immobile ; j'appelai maman, vite elle accourt et aperçoit la croix très-distinctement. Elle se mit à genoux, je l'imitai et joignant mes petites mains je la regardais prier ; elle versa aussi quelques larmes. En se relevant elle me dit : « Qu'est-ce que le bon Dieu demande de « toi, ma chère enfant ! » Ce fait passa inaperçu et plus tard, comme la Mère Joseph en parlait à un personnage considérable dans l'Eglise : « Dès votre bas âge, ma Mère, lui répondit celui-ci, le bon Dieu vous a montré sa croix parce qu'il a voulu qu'elle fût votre partage, il faut donc vous résigner à la porter toute votre vie. »

Le goût de Marie-Jeanne pour la piété ne faisait que de grandir avec les années; à l'âge de sept à huit ans, son plus grand bonheur était d'aller à l'église et d'y passer de longues heures. « Bien des fois, disait-elle, pour me soustraire à mes petites compagnes qui voulaient m'entraîner au jeu, je me cachais dans l'église et, quand j'entendais qu'on se dirigeait de ce côté, j'allais me réfugier au confessionnal et j'échappais ainsi à toutes les recherches. J'aimais aussi beaucoup aller à la chapelle de l'ermitage et prier auprès de la Sainte-Vierge. Là je récitais mon chapelet et, quand j'avais fini, je disais beaucoup d'autres prières que maman m'avait apprises. Lorsqu'on venait me troubler dans ma solitude, je me retirais dans le petit bois qui avoisine la chapelle, je me cachais dans une grotte et je priais tout à mon aise. » Dès ce moment la pensée lui vint de se consacrer spécialement à Dieu. Quand, dans les dernières années de sa vie, la bonne Mère racontait ces traits de son enfance, elle ne se doutait pas qu'elle nous révélait le principe et le secret de sa perfection. Elle fut toujours une personne de prière.

Les époux Carbillet étaient heureux de voir les bonnes dispositions de leur enfant et ne négligeaient rien pour les développer. On lisait en famille la vie des saints; quand Marie-Jeanne sut lire, c'est elle qui fut chargée de ce soin; elle s'en acquittait avec un plaisir ineffable. Un soir qu'elle lisait depuis longtemps déjà, en suivant de son doigt les lignes du livre, son père craignant qu'elle ne se fatiguât lui dit : « Allons, ma fille, en voilà assez, il est temps d'aller prendre du repos. — Oh ! papa, répondit-elle, si vous saviez combien j'aime la vie des saints ! Il faut que je sois sainte. — Ah ! quand tu seras grande, reprit le père, tu n'y penseras peut-être guère. — Hé bien, papa, vous verrez, dit-elle aussitôt avec assurance. Et le père et la mère de se regarder en souriant.

Cependant le moment de faire sa première communion approchait ; elle parlait plus tard de ce grand acte avec une joie mêlée de tristesse, elle se plaignait de n'avoir pas été assez instruite. Jamais elle n'entendait, sans que les larmes lui vinssent aux yeux, citer ces paroles de saint Augustin : « Trop tard je vous ai connu, trop tard je vous ai aimé ; » et pourtant la dernière partie de la plainte du grand Evêque ne la concernait pas, car son cœur a toujours appartenu à Dieu.

Ecoutons-la encore raconter cette partie intéressante de sa vie.

« Ce qui me manquait, disait-elle, c'était l'instruction ; il n'y avait pas de religieuses pour élever les jeunes personnes et l'instituteur ne faisait la classe que pendant les quatre mois d'hiver. Ma pauvre mère n'avait rien épargné pour me faire apprendre mes prières et me fortifier dans la piété, car elle avait l'esprit de Dieu, mais elle n'était pas instruite et par conséquent ne pouvait presque rien m'apprendre. Quand je fus en âge de faire ma première communion, nous avions pour curé un prêtre qui ne prêchait pas et faisait peu le catéchisme ; s'il nous l'a fait quatre fois avant notre première communion, c'est tout, encore ne demandait-il que la lettre sans un mot d'explication. Je n'avais donc pas l'intelligence des vérités de la religion, et d'autre part j'avais une haute idée de l'acte que j'allais accomplir ; chaque jour ma mère me parlait de l'importance de ma première communion, priait et me faisait prier beaucoup pour que je la fisse bien, et de fait, j'avais bien peur de la mal faire. »

Sans doute Notre-Seigneur est descendu avec joie dans cette âme simple qui l'aimait de toutes ses forces et qui craignait tant de lui déplaire, mais il n'en est pas moins vrai que l'ignorance où elle était lui causait beaucoup d'inquiétudes ; plus tard elle fit plusieurs confessions générales pour les calmer, et elle ne retrouva la paix qu'en se soumettant parfaitement aux décisions de ses directeurs.

Nous voyons naître dès ce moment dans Marie-Jeanne son esprit de charité et de mortification. Il lui est arrivé plus d'une fois en classe de donner son pain à des enfants pauvres et de l'échanger contre du pain plus mauvais, disant qu'elle aimait beaucoup le pain d'orge. Une fois sa première communion faite, elle ne fréquente plus la classe; sa mère qui désirait avant tout lui conserver la pureté de l'âme, craignait que dans une école mixte elle ne prît de mauvais principes. Combien elle a regretté d'avoir quitté sitôt ses livres! Elle aimait du reste beaucoup l'étude et elle apprenait facilement.

A l'âge de treize ans elle perdit son père, qui mourut le 9 juillet 1811. La mort du père, non-seulement laissait un vide immense dans la famille, mais y introduisait encore une certaine gêne. Marie-Jeanne fut obligée de travailler dans les champs avec sa mère et sa sœur aînée, afin d'acquitter par leur travail ce qu'elles devaient au laboureur qui cultivait leurs terres. Cette vie des champs lui aurait plu beaucoup sans les dangers qu'elle peut faire courir à l'innocence, par suite de la nécessité où l'on se trouve de travailler avec toutes sortes de personnes. Quelques années plus tard, elle apprit l'état de lingère et elle allait régulièrement à sa journée. Son amour du travail et sa discrétion la faisaient aimer de tout le monde, de sorte qu'elle ne manquait jamais d'ouvrage. On lui confia le soin du linge de l'église, tâche dont elle s'acquittait avec joie, et toujours elle a conservé un bien doux souvenir de sa chère église de Cuves.

Marie-Jeanne avec son excellent caractère comptait autant d'amies qu'elle avait de compagnes; vive, joyeuse, elle était le boute-en-train de leurs récréations ; une société où elle n'était pas était muette et sans vie; aussi les jeunes personnes ne se livraient-elles à aucun jeu sans qu'elle fût de la partie. Mais au milieu de cette joie, de cette gaieté, elle savait se montrer digne et réservée ; ses contemporains font remarquer qu'elle a toujours su se respecter et se faire respecter.

Déjà Marie-Jeanne est arrivée à sa vingtième année, il s'agit pour elle de choisir un état de vie ; sa modestie, ses manières douces et affables, sa prudence et sa charité lui avaient gagné l'estime de tous ceux qui la connaissaient. Le monde ne tarde pas à lui sourire : il ne pratique pas souvent la vertu, mais il l'aime et l'apprécie ordinairement dans les autres. Cette âme si simple dans sa piété doit-elle passer sa vie dans le siècle, ou Dieu a-t-il sur elle des desseins plus élevés ? Cette vierge sage et prudente doit-elle choisir un époux vulgaire ou s'attacher uniquement à Celui qui a déjà charmé tant de nobles cœurs ? Le Seigneur est admirable dans ses saints, non-seulement dans la récompense qu'il leur donne, mais encore dans la manière dont il les conduit.

Il y avait pour garder l'ermitage un ancien religieux qui, comme saint Paul, vivait du travail de ses mains. Habile à confectionner les vêtements et surtout à réparer les ornements d'église, il eut l'occasion de travailler plusieurs fois avec Marie-Jeanne Carbillet. Au lieu de s'occuper de bagatelles ou quelquefois de médisances ou de calomnies, comme cela n'arrive, hélas! que trop souvent dans ces circonstances, la conversation roulait sur des sujets sérieux, même sur des matières de piété. Le bon frère aimait à s'entretenir de la vie religieuse, il racontait beaucoup de choses édifiantes sur les Communautés. La pauvre fille, qui dès ses jeunes années avait entendu au fond de son âme la voix de Dieu l'appelant à une vie parfaite, écoutait le frère avec avidité, lui faisait beaucoup de questions, l'interrogeait minutieusement sur les Communautés ac-

tuelles et recueillait avec joie ses explications. « Combien je voudrais être religieuse ! » se disait-elle intérieurement,
« mais comment serait-ce possible à une
ouvrière comme moi? » ajoutait-elle aussitôt, et elle refoulait cette pensée au plus
profond de son être, presque honteuse de
l'avoir eue.

Pendant plusieurs années, ces aspira-
tions vers la vie religieuse se firent sentir
en elle; mais c'était le désir de la vie religieuse en général. Marie-Jeanne ne s'ar-
rêtait à rien de particulier, ne connaissant
pas de Communauté qui pourrait la recevoir. Un jour que le bon frère était venu à
Langres, il lui parle à son retour d'une
maison fondée dans cette ville depuis une
vingtaine d'années, c'était la maison des
Sœurs de la Providence. Ses membres
s'adonnent à l'éducation des enfants et au
soin des malades; on ne demande pas de
dot, les jeunes filles qui y entrent donnent
ce qu'elles peuvent; la bonne volonté et le

dévouement sont seuls exigés, mais une bonne volonté constante et un dévouement à toute épreuve. Ces renseignements sont pour Marie-Jeanne un trait de lumière : si elle pouvait entrer dans cette Communauté! Elle se hasarde cette fois à communiquer sa pensée au frère qui, heureux de cette ouverture, prend de nouvelles informations et peut lui assurer qu'elle sera reçue si, après quelque temps d'épreuve, on lui trouve les qualités nécessaires. Elle accueille cette nouvelle avec joie, la communique à sa mère qui depuis peu connaissait son projet et qui consent, non sans peine, à se séparer de sa fille. Son aînée était établie depuis longtemps déjà et la pauvre mère allait se trouver seule. On ne songe plus qu'aux préparatifs du départ, le jour en est bientôt fixé. Dieu veut donc faire de cette pauvre fille un vase d'élection qui doit porter son Nom dans le palais du riche et dans la chaumière du pauvre; ce Nom adorable, elle le déposera au cœur de l'enfant comme un gage d'espérance, et elle le fera revivre sur les lèvres du mourant pour être sa suprême consolation.

Il faut partir! Marie-Jeanne n'a à quitter ni richesses ni honneurs, elle est née dans la médiocrité et a vécu dans l'oubli; mais elle a des compagnes, des parents, il faut les oublier. Le Seigneur, en appelant à lui prématurément son père bien-aimé, avait tranché une partie des liens qui pouvaient la retenir; mais il lui restait sa mère sur qui elle avait concentré son affection. « Ma pauvre mère, disait-elle, pleurait sans cesse depuis qu'elle connaissait ma résolution; d'un autre côté, le bon Dieu me voulait, comment lui désobéir? Il m'a fallu une force surhumaine pour me séparer d'une si bonne mère. » Eh bien! oui, cette tendre mère il faudra aussi l'oublier, le Roi veut pour lui un cœur dégagé de toute affection terrestre. Du reste, en prenant la fille pour son épouse il ne peut abandonner la mère. Marie-Jeanne fait tous ces sacrifices et le 11 juin 1823, elle entre au couvent comme postulante. Elle avait vingt-cinq ans.

Vingt et un ans s'étaient écoulés depuis que le vénérable Monsieur Leclerc avait réuni chez Mlle Roger huit pieuses filles pour commencer la Congrégation ; sept ans s'étaient passés depuis la mort du saint Fondateur; l'institut avait grandi, il était devenu un arbre déjà majestueux étendant au loin ses rameaux protecteurs. Les membres étaient animés, pour la plupart, de cette antique foi qui s'était retrempée dans les épreuves de la Révolution; plusieurs avaient subi la prison et avaient été sur le point de verser leur sang pour Jésus-Christ; tous ne réclamaient que du travail. Hélas! le travail ne manquait pas! Une multitude d'enfants demandaient le pain de la vraie science et il y avait trop peu de personnes capables de le leur rompre. Aussi les maisons religieuses recevaient-elles avec joie les âmes généreuses qui voulaient se sacrifier à cette belle et noble tâche. Marie-Jeanne fut donc accueillie à bras ouverts par sœur Françoise, alors supérieure de la Congrégation.

Nous n'avons pas trouvé de notes rendant compte de ses impressions à son entrée dans la Communauté ; mais nous savons qu'elle fut profondément émue en voyant régner partout l'ordre, la charité et le silence.

Quand saint Eucher vit pour la première fois les Religieux de Lérins, il traduisit ainsi ses sentiments : « Quelle assemblée de saints j'ai vue ! Ils étaient autant de vases d'albâtre d'où s'échappaient de suaves parfums ; on respirait dans l'île une délicieuse odeur de vie. La beauté de l'homme intérieur se reflétait sur leur extérieur. Enchaînés par la charité, ils s'abaissaient par humilité. Une piété tendre leur communiquait une douceur inaltérable, et ils trouvaient dans leur espérance une fermeté invincible. En voyant la modestie de leur démarche, la promptitude de leur obéissance, le silence dans leurs rencontres et la sérénité de leur visage, vous pouvez avoir une idée de l'ordre et du repos des célestes phalanges (1). »

Sœur Joseph aurait assurément rendu moins bien ses impressions que le grand Evêque de Lyon, mais elle ne les a pas moins vivement éprouvées. Quel bonheur pour son âme ! Non-seulement elle peut contempler cette régularité, mais elle va entrer elle-même dans ce bel ordre, elle va faire partie de cette heureuse société ! En effet, quand on sort du monde, qu'on a été témoin, quelquefois victime de ses vices, qu'on a respiré son atmosphère empoisonnée, on est heureux de venir se reposer à l'ombre de l'autel pour se préparer, dans le silence et la prière, à accomplir la volonté de Dieu.

(1) S. Euch. Lugd., *De laude Eremi,* nᵒ 13.

Mais, au Noviciat, il y a aussi des épreuves. Deux choses coûtent ordinairement beaucoup aux nouvelles postulantes, surtout à celles qui sont déjà âgées : l'étude et le renoncement à sa volonté propre. Elles apprennent difficilement les notions de grammaire, d'histoire et d'arithmétique, qui, dans leur enfance, n'étaient souvent pour elles qu'un jeu ; et quand il s'agit de réciter ces leçons péniblement et longuement apprises, la mémoire leur fait défaut et le découragement s'empare d'elles. Pour prendre goût à l'étude et faire de véritables progrès, ces enfants doivent attendre avec patience que l'intelligence émoussée ait retrouvé sa pointe et que la mémoire, par un exercice continu, ait perdu sa rouille.

Et comment dépeindre les difficultés que rencontre la volonté ? Dans leurs familles, ces jeunes personnes n'ont souvent obéi qu'à elles-mêmes ; au Noviciat, il faut obéir à des maîtresses.

Dans la famille, lorsque parfois l'autorité des parents s'impose, elle ne se fait sentir d'ordinaire que par moments; en religion, l'obéissance doit être constante, parce que l'autorité s'impose toujours. Marie-Jeanne a sans doute connu ces épreuves; d'une nature à la fois prompte et timide, elle était portée à l'impatience et ouvrait difficilement son âme à ses supérieurs. Elle combattit ces défauts avec succès et l'on ne surprit jamais sur ses lèvres le moindre murmure, ni sur son visage le plus petit mécontentement. Là, comme à Cuves, elle était le modèle de ses compagnes, qui ne se lassaient d'admirer son recueillement dans les exercices, son application à l'étude, sa gaieté en récréation, son dévouement dans les petits services qu'on lui demandait, son obéissance et sa bonne volonté partout. Pendant son Noviciat, elle eut le bonheur de recevoir le sacrement de Confirmation.

Malheureusement le Noviciat était trop

court ; pour répondre aux besoins pressants de la Communauté, on plaçait les sujets les plus capables, quand ils commençaient seulement à comprendre la vie religieuse. C'est ainsi que moins de dix-huit mois après son entrée au Noviciat, Marie-Jeanne recevait l'habit religieux avec le nom de Joseph, qui était le nom de son père. Elle fut envoyée à Recey, où elle ne resta que quelques mois, et le 15 août 1825, elle fut placée à Poissons. Deux ans s'étaient à peine écoulés que, pour des raisons de santé, on fut obligé de retirer l'économe. Mais les supérieurs, qui avaient reconnu dans notre jeune religieuse une rectitude de jugement et une solidité de vertu peu communes à son âge, n'hésitent pas à lui confier la direction de la maison de Poissons, et, dès 1827, sœur Joseph est nommée économe.

———

CHAPITRE II

Sœur Joseph économe à Poissons.
Son zèle pour l'éducation des enfants
et le soin des malades.

Le poste de Poissons offrait bien des difficultés ; il fallut toute la prudence et toute la charité de sœur Joseph pour en triompher. Les idées libérales et antireligieuses qui amenèrent 1830 étaient semées partout, et Poissons n'était pas à l'abri de leurs funestes effets, comme nous le montrerons plus loin.

Mais une difficulté particulièrement pénible pour le cœur d'une religieuse se présentait à elle. Il y avait à la tête de la paroisse un prêtre qui, par sa résistance à ses supérieurs, attristait les personnes vraiment chrétiennes. Combien l'âme de sœur Joseph dut souffrir en voyant le mauvais exemple venir du pasteur lui-même! Si en effet le sel est affadi, à quoi peut-il servir?... Les choses en vinrent au point qu'il ne fut plus possible aux religieuses de recevoir la sainte Communion de sa main. Deux fois par semaine elles étaient obligées d'aller dans les villages voisins recevoir le pain eucharistique..... Ces voyages si fatigants ne semblaient pas coûter à sœur Joseph ; ni la pluie ni la neige ne la retenaient quand il s'agissait de se procurer le bonheur de faire la sainte Communion. Ses compagnes, moins ferventes, se plaignaient-elles par fois de l'inclémence de la saison, elle savait, par ses bonnes paroles, les ramener à des sentiments de résignation ; quelquefois un bon mot les égayait, d'autres fois une parole tout embrasée de l'amour divin faisait taire leurs murmures et calmait leur impatience.

Mais rien ne produisait autant d'effet que son exemple.

Dans ces tristes circonstances, sœur Joseph fut soutenue et encouragée par Messieurs les vicaires et les prêtres du voisinage. Sa charité, sa patience excitaient leur admiration. Un de ces ecclésiastiques disait tout récemment à une Sœur : « J'ai connu votre Mère, j'ai suivi de près sa conduite à Poissons, et je puis vous assurer que, dès ce moment, c'était une sainte. » Parmi ceux qui ont pu apprécier sa conduite, nous citerons particulièrement le R. P. Hanipaux, ancien vicaire de Poissons, et qui a toujours conservé pour sœur Joseph une haute estime, comme le témoignent les lettres qu'il lui écrivait de sa mission du Canada. Elle s'inspirait des lumières et de l'expérience de M. le curé de Joinville. Plus d'une fois aussi, pour calmer les inquiétudes d'une conscience timorée, elle fit à pied le voyage de Montot afin de consulter Monsieur l'abbé Febvre, alors curé de cette paroisse, et qui a toujours porté un grand intérêt à la Communauté. Si Dieu avait ménagé à sœur Joseph une épreuve si sensible au commencement de sa vie religieuse, il la récompensa en envoyant pour curé à Poissons, en 1834, un prêtre pieux, zelé et instruit qui, pendant près de quarante années, travailla avec succès à la sanctification de çette paroisse. Sous l'habile direction de cet homme de Dieu, sœur Joseph fit de grands progrès dans la perfection, aussi ces deux âmes ont-elles gardé l'une pour l'autre des sentiments de vénération que le temps n'a point affaiblis.

Poissons, disions-nous, avait comme tous les villages ses philosophes et ses esprits forts. Sœur Joseph donnait l'exemple de toutes les vertus, mais sa conduite irréprochable ne faisait qu'exciter la haine des méchants, sa charité condamnait leur égoïsme, et sa douceur inaltérable leur colère et leur emportement. Dans ces temps troublés, quelques membres du Conseil municipal, entraînés par les discours de certains beaux parleurs plutôt que mus par leurs propres idées, émettent le vœu de remplacer les sœurs par des institutrices laïques. Monsieur le maire, en homme de bien et en sage administrateur, essaye de les détourner de leurs projets en leur rappelant les services que les sœurs rendaient aux malades et aux pauvres, et en les avertissant que leur renvoi soulèverait contre eux la grande majorité de la population. Voyant qu'il ne gagne rien, il leur propose de faire venir sœur Joseph devant le Conseil ; là, ces Messieurs lui feraient leurs observations et entendraient ses réponses ; il n'était pas juste, du reste, de condamner les Sœurs sans les entendre. La proposition est acceptée, et sœur Joseph est aussitôt mandée à la mairie. Pour quiconque a connu sa timidité naturelle, il est facile de comprendre combien cette démarche a dû lui coûter ; néanmoins elle la fait. Quand elle fut arrivée devant les représentants de l'autorité communale, M. le maire, s'adressant à ces Messieurs de l'opposition, les prie de formuler leurs griefs et de dire à la Sœur ce qu'ils ont à lui reprocher. Un des lettrés du parti sans doute, prend la parole et accuse les Sœurs de *fanatiser* les enfants. La bonne Sœur, avant de pouvoir répondre à l'accusation, demande ingénuement au philosophe ce que signifie le mot fanatiser. Notre homme, qui ne s'attendait pas à cette question, ne sut que répondre. Le maire, qui jouissait agréablement de l'embarras de son conseiller, demande si l'on a encore quelques observations à faire; tous de garder le silence. Il renvoie immédiatement la religieuse en l'engageant à continuer sa mission de charité et de dévouement. La séance est levée aussitôt; sœur Joseph revint à sa maison et les opposants regagnèrent leur logis tout honteux, jurant qu'on ne les y reprendrait plus. Ils tinrent leur serment, car plus jamais on ne demanda le renvoi des

Sœurs, et toute la population n'avait qu'une voix pour remercier la Providence de lui avoir donné des religieuses pour élever ses enfants et soigner ses malades.

Etudions maintenant sœur Joseph dans l'exercice de ses fonctions, en classe et au chevet des malades. A propos des enfants, le saint Evangile nous rapporte une scène touchante entre toutes (1). « Un jour on présenta à Notre-Seigneur de petits enfants afin qu'il les touchât, mais ses disciples repoussaient durement ceux qui les lui présentaient. Ce que voyant Jésus, il le trouva mauvais et le leur dit : « Laissez « venir à moi les petits enfants et ne les « repoussez point, car le royaume des « Cieux est pour ceux qui leur ressem— « blent... » Puis les embrassant et leur imposant les mains il les bénissait. » Une autre fois, il prononce de terribles ana— thèmes contre ceux qui scandalisent les

(1) Marc x. 16.

enfants, parce que, dit-il, leurs anges voient toujours la face de Dieu. C'est dans ce tendre amour de Jésus pour les enfants que de saints personnages ont puisé l'idée de fonder des Communautés religieuses chargées de leur éducation. Les Congrégations enseignantes prennent donc leur source au Cœur même du divin Maître et répondent à un de ses désirs les plus ardents. Sœur Joseph avait médité les paroles et les exemples du Sauveur et, en revêtant l'habit de religieuse de la Providence, elle avait reçu une participation abondante de l'amour de l'Homme-Dieu pour les enfants. Leur candeur et leur innocence la charmaient et elle avait une grande confiance en leurs prières ; quand elle rencontrait un petit enfant, elle lui donnait à baiser le crucifix suspendu à son chapelet en lui faisant réciter cette prière : « Mon Dieu, je vous demande pardon pour tous les pécheurs ; mon Dieu, je vous aime pour ceux qui ne vous aiment pas. » Et ces pauvres petits se pressaient autour d'elle, heureux de recevoir ses caresses, et plus heureuse encore était la bonne Sœur qui avait envoyé sa prière à Jésus en la faisant passer par une bouche innocente. Nous ne suivrons pas sœur Joseph dans les détails de sa classe, nous nous contenterons de dire qu'elle a fait briller en elle toutes les qualités d'une bonne institutrice, comme elle en a éprouvé les joies et parfois les déceptions, les ennuis et les fatigues; et nous citerons quelques traits qui montreront son zèle, sa tendre sollicitude, sa foi vive et son ardente charité.

En arrivant à son poste, sœur Joseph avait trouvé des enfants peu instruites, surtout parmi les plus âgées, mais comment les instruire? Peut-être ne fréquenteront-elles plus la classe en hiver? Puis, qu'est-ce que trois ou quatre mois d'hiver pour donner à des enfants ignorants une instruction passable? En été, les parents ne peuvent se dispenser de leurs services pour les travaux de la campagne. Le dévouement de sœur Joseph tranche la difficulté; elle prévient les parents qu'elle commencera la classe à cinq heures et demie du matin pour la terminer à sept heures, et les engage fortement à y envoyer leurs enfants. Les parents ne peuvent résister à un appel aussi pressant; ils se rendent au désir de l'infatigable Econome. C'est ainsi que la bonne Sœur, en se levant à quatre heures pour pouvoir faire ses exercices de piété, trouve le moyen d'apprendre à des enfants qui les auraient toujours ignorés les premiers principes de notre langue et du calcul. Quelques années plus tard, on envoya à Poissons une troisième Sœur chargée de l'une des deux classes. Dès lors sœur Joseph s'occupa surtout du soin des malades, seulement elle se réserva la récitation du catéchisme. Elle s'acquittait de cette mission avec tant de succès, que les personnes qui ont été instruites par elle se rappellent encore avec bonheur les leçons où la digne Religieuse expliquait les vérités de la religion avec cette conviction et cette simplicité qui les font aimer et pratiquer. Elle se rappelait combien elle avait souffert de ce que son instruction religieuse avait été négligée dans son enfance et elle voulait préserver les autres de ce malheur. Ecoutons une personne qui a suivi ses instructions :

« On était avide de ses catéchismes, ils étaient faits avec une simplicité et une douceur qui entraînaient tout le monde. Le dimanche après vêpres, les chères Sœurs nous faisaient ce que nous appelions la conférence. Nos réunions se composaient non-seulement d'enfants, mais encore de jeunes personnes et même de femmes très-âgées, qui, disaient-elles ingénument, n'auraient pas cru avoir bien passé le dimanche si elles n'étaient pas allées entendre la chère Sœur parler du bon Dieu. « Je ne veux pas, disait-elle

« quelquefois dans ces entretiens fami-
« liers, je ne veux pas dire comme cer-
« taines personnes : « Je tâcherai d'aller
« au Paradis, mais pourvu que je sois
« derrière la porte, je serai contente. »
« Oh ! mes enfants, reprenait-elle avec
« animation, un pareil raisonnement est
« un raisonnement de paresseuse. Moi, je
« veux aller plus loin, je veux aller loin,
« bien loin, le plus près possible de la
« Sainte-Vierge. Puis je ne veux pas non
« plus n'avoir que des roses dans ma cou-
« ronne, des fleurs, c'est trop commun,
« je veux qu'elle se compose surtout de
« perles et de diamants. » Elle nous parlait avec tant d'énergie et de persuasion
que nous étions toutes prêtes à suivre ses
conseils, et nous sortions de nos chères
réunions animées d'un nouveau zèle et
désireuses de faire quelque chose pour le
bon Dieu. »

Il vient facilement à l'esprit de ceux qui
s'occupent de l'éducation de la jeunesse,

la pensée de préférer les enfants des riches
à ceux des pauvres sous prétexte qu'ils
sont mieux habillés et mieux élevés, mais
trop souvent en réalité pour des raisons
d'égoïsme et d'amour-propre. Sœur Joseph
n'a jamais cédé à cette tentation. Si elle a
aimé les enfants des riches, elle n'a pas
négligé ceux des pauvres. On peut même
dire que les enfants pauvres étaient l'objet
de ses prédilections, parce qu'ils ressem-
blaient mieux encore à Notre-Seigneur
qui a voulu naître dans la pauvreté. Comme
ces enfants ne sont pas toujours les plus
ardents à l'étude et les plus soucieux de
leur éducation, elle employait tous les
moyens possibles pour les attirer en classe
et leur inspirer l'amour du travail. Un jour
entre autres, elle remarquait avec peine
qu'une des enfants les plus pauvres et les
plus délaissées ne fréquentait pas l'école,
l'enfant avait déjà dix ou onze ans et elle
ignorait les premiers éléments de la science
et du catéchisme. La sœur Econome en

avait parlé souvent à la mère qui ne comprenait guère mieux que sa fille l'importance d'une bonne éducation. Fatiguée
néanmoins par les obsessions des sœurs,
la pauvre femme finit par dire qu'elle en-
verrait son enfant en classe si elle avait
des habits plus convenables, mais comme
ses ressources ne lui permettent pas d'en
acheter, elle la gardera chez elle. En
face de cette fin de non-recevoir, que faire?
Les religieuses, sœur Joseph en tête, ont
alors recours à un moyen qui leur fait
honneur ainsi qu'à leurs élèves. Chaque
année les petites filles donnaient quelques sous pour acheter un Enfant–Jésus
qui était ensuite tiré au sort et adjugé à
l'une d'elles. Les sœurs leur proposent
d'employer cette année l'argent de leur
Enfant–Jésus à habiller convenablement
une de leurs petites compagnes, afin qu'elle
puisse venir en classe. Toutes acceptent
la proposition avec joie; l'enfant, habillée
proprement et chaudement, vient en classe

et prend peu à peu des habitudes d'ordre et de travail, qui la relèvent à ses propres yeux, et la mettent à même plus tard de gagner honorablement sa vie. On voit par ce trait combien et comment sœur Joseph aimait les enfants.

Après les enfants, il y a deux sortes de personnes qui ont mérité les tendresses spéciales de Notre-Seigneur, ce sont les pauvres et les malades; il a béatifié les uns et il guérissait les autres; ce sont aussi les deux sortes de personnes que doivent affectionner les religieuses, surtout les sœurs de la Providence établies pour les soulager. Il est impossible de raconter tout ce que sœur Joseph a fait pour les pauvres et les malades de Poissons; souvent les visites qu'elle leur faisait n'avaient d'autre témoin que Dieu, et lui seul a pu enregistrer sur le livre de vie tous les actes de vertu qu'elle accomplissait. C'étaient surtout les pauvres vieillards délaissés qu'elle entourait de sa sollicitude; plus

les soins qu'elle avait à leur rendre étaient
rebutants, plus elle mettait d'empresse-
ment à les servir. Ses compagnes d'alors
citent plusieurs personnes pauvres, infir-
mes, abandonnées, quelquefois d'une propreté douteuse, que sœur Joseph visitait
assidûment, à qui elle rendait les services
qui répugnent le plus à la nature et ré-
servait ses friandises les plus exquises.
Elle aimait la vieillesse avec ses infirmités.

Un pauvre vieillard affligé d'un catarrhe
pulmonaire venait chaque jour à la messe
et crachait considérablement. Sœur Joseph
tous les jours nettoyait le pavé sans mot
dire. Ses sœurs, qui s'en aperçurent, lui
demandèrent si elle ne trouvait pas la tâche
bien répugnante. « Sans doute, dit-elle,
bien des fois mon cœur se soulève, mais
j'élève ma pensée vers Dieu, je me mets à
l'œuvre et, la besogne terminée, j'éprouve
une joie indicible. » Ne croyez pas qu'elle
faisait ostentation de ces actes de vertu : non,

elle les accomplissait comme à la dérobée, sous le seul regard de Dieu ; à peine ses compagnes pouvaient-elles s'en apercevoir. Elle avait sans cesse présente à l'esprit cette recommandation de M. Leclerc : « Dans les paroisses où elles seront chargées des malades, les sœurs de la Providence doivent souvent penser que si elles sont fidèles à leur procurer les secours dont ils auront besoin, elles entendront au grand jour du jugement ces paroles de bénédiction du Fils de Dieu : « Venez, pos- « sédez le royaume des Cieux, car j'ai eu « faim et vous m'avez donné à manger , « etc. »

L'affection que sœur Joseph avait pour les pauvres et les malades n'était pas seulement le résultat d'une certaine sensibilité d'âme, c'était une affection raisonnable et intelligente. Elle usait, comme le recommande le Saint-Esprit, *de discernement à l'égard du pauvre et de l'indigent.* Quand une personne était dans le besoin, sœur

Joseph mettait tout en œuvre pour la secourir; mais, pouvait-elle gagner sa vie, la bonne Sœur ne favorisait pas la paresse en lui continuant ses soins. Un jour elle fut appelée auprès d'un homme qui venait de se fracturer la jambe. Etranger à la paroisse, ce malheureux était sans parents, sans amis et par là-même dénué de tout secours. Sœur Joseph lui rend d'abord tous les services qu'elle peut, mais, incapable de suffire seule avec ses ressources à une aussi grande misère, elle réunit plusieurs personnes charitables et sait faire passer dans leur cœur les sentiments qui animent le sien. Elle assigne à chacune un jour pour donner au malade la nourriture et les soins que réclame sa position. Mais la nourriture et les soins ne suffisent point à un malade, il lui faut encore autre chose, du linge surtout; notre homme naturellement n'en a pas. Sœur Joseph va frapper à la porte des maisons aisées et bientôt elle a recueilli assez de linge et de provisions de toute sorte pour que celui qui naguère était dans la misère, pût se croire dans l'aisance. Dieu rendit la santé à cet infortuné, mais trouvant qu'il est plus facile de vivre des fruits de l'aumône que de ceux de son travail, il prit le parti de rester oisif. La charité de sœur Joseph, qui l'avait secouru dans la nécessité, se retira devant la paresse, et l'ouvrier fut prévenu que désormais il ne recevrait plus de secours.

Sœur Joseph n'était pas moins admirable dans la promptitude avec laquelle elle se rendait auprès des malades que dans les soins qu'elle leur prodiguait. La charité n'agit pas avec lenteur ; à peine avait-elle appris la maladie d'une personne qu'elle courait lui offrir ses services. Si on l'appelle pour un malade au milieu de son repas ou pendant la nuit, elle quitte aussitôt son repas ou son sommeil sans s'informer de la gravité du mal. « Vous ne sauriez croire, disait-elle à ses sœurs qui l'engageaient à ménager ses forces, vous ne sauriez croire combien je crains d'entendre Notre-Seigneur me dire un jour : « J'étais malade, et vous ne m'avez pas « visité. » Je ne suis pas tranquille quand je sais qu'un malade m'attend pour le soulager. » On finit cependant par lui faire comprendre que lorsque le mal n'est pas sérieux, elle pouvait attendre pour partir que son modeste et à peu près unique repas fût terminé.

Nous ne pouvons parler de la charité de sœur Joseph sans dire un mot d'une famille qui est pour Poissons une véritable Providence, et qui a tant estimé cette bonne Sœur. Nous avons nommé l'illustre famille de Maupas. Elle a reçu de ses ancêtres, entre autres biens, deux grandes vertus : l'amour de Dieu et l'amour des pauvres ; ces qualités héréditaires s'étaient encore développées à la Cour, où M. le marquis et Mme la marquise remplissaient d'importantes fonctions. Les nobles chatelains ayant remarqué la discrétion, la modestie et la haute vertu de sœur Joseph, faisaient passer par ses mains une partie de leurs aumônes. Ils étaient heureux quand ils pouvaient jouir de sa conversation si sainte et ne craignaient pas de lui confier les joies et les peines de la famille. Pendant un hiver, ils la prièrent même de faire le catéchisme aux domestiques, fonction dont elle s'acquitta avec succès, mais qui coûta beaucoup à son humilité et à son extrême timidité. Mme la marquise se rappelait toujours avec bonheur ces heures délicieuses pendant lesquelles sœur Joseph lui parlait du bon Dieu. Ces deux âmes, si éloignées par leur naissance, cherchaient leur commune origine et trouvaient leur commune noblesse en Celui qui nous a donné le pouvoir de devenir enfants de Dieu ; aussi se sont-elles toujours estimées et aimées, et pendant toute sa vie la Mère Joseph entretint de saintes relations avec Mme la marquise et ses dignes enfants.

Continuons de suivre notre bonne sœur auprès de ses malades.

Si sœur Joseph prodiguait tant de soins au corps des malades, que ne faisait-elle pas pour leurs âmes? Comme le démon redouble ses efforts au moment de la mort pour nous tenter avec plus de violence, elle redoublait aussi les siens. Ange de la terre, elle disputait à l'ange déchu l'âme des mourants, et qui sait si elle ne remportait pas autant de victoires qu'elle livrait de combats? Il fallait la voir au chevet des malades, exhortant les uns à souffrir avec patience et préparant les autres à bien mourir. La conviction et l'onction avec lesquelles sœur Joseph parlait aux mourants du bonheur céleste adoucissaient pour eux ce que l'approche de la dernière heure peut avoir de pénible; disposés par elle à recevoir les derniers sacrements, et, fortifiés par la grâce d'en-haut, ils s'endormaient tranquillement dans la paix du Seigneur.

Une des plaies les plus difficiles à guérir à ce moment suprême, surtout dans certains vieillards, c'est l'ignorance des vérités essentielles de la religion. Sœur Joseph le savait, et quand elle avait rendu au corps les premiers soins, elle s'assurait si le malade connaissait ces grandes vérités. Poissons, à cette époque, ne manquait pas d'hommes qui les ignoraient. Aussitôt elle se mettait à l'œuvre, et ce n'était pas chose facile. Ces intelligences, rouillées par la vieillesse, émoussées par la maladie, saisissent difficilement la simple notion de nos mystères. Il faut répéter cent et cent fois les mêmes explications; eh bien, sœur Joseph, avec sa patience à toute épreuve, ne se lassait pas et finissait par donner à ses chers moribonds une instruction suffisante. Que d'âmes sont redevables à cette bonne sœur du bonheur de voir Dieu! Du sein de la gloire qui les environne, comme elles bénissent celle qui leur a inculqué les premières notions de ces sublimes vérités qu'elles contemplent aujourd'hui dans leur essence !

Quand l'âme avait quitté son enveloppe mortelle, sœur Joseph n'abandonnait pas le corps sans lui avoir rendu les derniers devoirs. Le corps est le compagnon de l'âme, il a souffert avec elle, il sera glorifié avec elle; il fut à la peine, il sera à l'honneur. L'Eglise, du reste, a consacré par l'onction sainte le corps du chrétien, il mérite donc notre respect. Aussi Tobie a été béni de Dieu pour avoir donné la sépulture aux morts. On n'enterrait personne à Poissons sans qu'il n'eût été pieusement *enseveli* par sœur Joseph; c'était un monopole dont elle se faisait gloire et qu'on ne cherchait pas du reste à lui ravir.

Cette fonction, si grande devant Dieu, ne laisse pas d'être parfois pénible à la nature. Un jour, une pauvre femme, qui habitait seule une maisonnette située à l'extrémité du village, vient à mourir sans qu'on ait été prévenu de sa maladie. Sa mort n'est connue de personne, cependant on s'aperçoit qu'on ne l'a pas vue depuis quelques jours, on va chez elle, et, tout en frappant à la porte, on est saisi d'une forte odeur cadavérique; on ouvre, on trouve la malheureuse étendue sans vie et tombant déjà en putréfaction. On n'ose approcher; c'est sœur Joseph qui doit l'ensevelir. A peine une personne avait-elle rendu le dernier soupir qu'on allait chercher la bonne sœur sans craindre de la déranger même pendant la nuit. Il lui est arrivé à ce sujet une aventure assez intéressante.

En hiver, vers les trois heures du matin, on frappe à la porte des sœurs ; une religieuse ouvre la fenêtre du premier étage et demande l'objet de cette visite matinale. On vient prier sœur Joseph d'ensevelir un mort dans telle maison. — Sœur Joseph ira dans la matinée, fut-il répondu, et la fenêtre est aussitôt refermée. Sœur Joseph, qui a entendu la conversation, veut savoir de quoi il est question ; on le lui dit ; elle se lève, malgré les représentations de sa compagne, et se rend incontinent à la maison indiquée. Les braves gens furent très–surpris de voir sœur Joseph leur faire visite à cette heure ; mais quand elle demande où est le mort, la surprise se change en stupéfaction. Elle s'aperçoit alors qu'elle s'est trompée, fait des excuses et revient chez elle sans témoigner la moindre impatience. La sœur était à moitié endormie quand on était venu l'avertir et, pour avoir mal compris les indications, avait été la cause bien involontaire du voyage nocturne de sœur Joseph. Plus tard, notre économe trop zélée comprit qu'elle ne devait pas se déranger la nuit pour ensevelir les morts, afin de conserver ses forces pour soigner les vivants.

Les sœurs de la Providence sont quelquefois chargées du linge de l'église. Sœur Joseph ornait les autels et raccomodait le linge sacré ; elle confectionna même deux ornements que M. le curé de

Poissons revêtait avec une certaine vénération. Plusieurs années après le départ
de sœur Joseph, les sœurs lui faisaient
remarquer qu'il avait pris, un jour de fête,
un ornement déjà vieux et démodé. « Ne
parlez pas mal de cet ornement, dit-il, il
mérite nos respects, c'est votre Mère qui
l'a confectionné. » Comme elle avait aimé
sa petite église de Cuves, elle s'était attachée aussi à sa chère église de Poissons.
Quelques mois après avoir été nommée
supérieure, elle écrivait à Mlle de Maupas :
« Non, Mademoiselle, je n'étais pas auprès
de vous en personne aux fêtes de Noël,
mais j'y étais en esprit. Combien de fois,
la veille de cette belle solennité, j'ai fait le
tour de l'église pour la parer. Hélas ! je
ne pouvais en retirer ma pensée; je vous
voyais auprès du confessional, je me faisais aider par les petites filles... je voyais
M. le curé accablé... tout cela me passait
par l'esprit. » Avec quel amour sœur Joseph ornait les autels, et surtout avec quel

soin minutieux et quelle propreté exquise elle entretenait le linge qui servait au sacrifice, ceux-là seuls peuvent le comprendre qui ont connu sa tendre dévotion envers la sainte Eucharistie.

CHAPITRE III

Comment sœur Joseph dirige la Maison de Poissons. — Sa vie intérieure.

Après avoir esquissé à grands traits ce que nous pouvons appeler la vie extérieure de sœur Joseph, entrons dans sa maison, puis nous pénétrerons autant que possible dans le sanctuaire de son âme.

Les rapports de sœur Joseph avec ses compagnes étaient les rapports d'une sœur aînée avec ses jeunes sœurs, ou plutôt d'une mère avec ses enfants. Leurs imperfections ne l'étonnaient pas ; elle savait, comme elle le rappellera souvent plus tard, que les jeunes sœurs en revêtant le saint habit ne revêtent pas tout d'un coup la perfection, et que c'est à l'économe à continuer leur noviciat et à les affermir dans la pratique des vertus religieuses. Sœur Joseph était bonne, mais elle n'avait point cette bonté molle qu'on nomme faiblesse, qui favorise les passions et entretient les défauts; elle avait cet heureux mélange de douceur qui verse l'huile sur la plaie et de fermeté qui y verse le vin. Quand une de ses compagnes avait commis une faute, elle l'en reprenait au moment favorable. Avait-elle entendu une parole vive et blessante, elle obligeait la coupable à faire des excuses. Elle attaquait les défauts jusque dans leurs racines, sans attendre qu'ils eussent grandi pour les extirper. Elle avait remarqué dans une de ses compagnes un certain penchant à la curiosité; celle-ci était heureuse d'apprendre quelques nouvelles pour les rapporter à ses sœurs ; l'économe épiait l'occasion de lui faire sentir ce défaut. Un jour la jeune sœur, qui voulait à tout prix voir des caractères hébraïques, demande à des enfants juifs qui fréquentaient la classe, un livre écrit en hébreu. Elle l'obtient et court aussitôt le montrer triomphalement à son économe. « C'est bien, lui dit celle-ci, heureuse de la circonstance, vous voilà au comble de vos vœux, eh bien ! vous allez lire dans ce livre pendant toute la récréation et vous nous rendrez compte des belles choses qu'il renferme. » La sœur regarde tout étonnée, l'économe maintient sa parole, et la pauvre religieuse, obligée de regarder et de feuilleter ce malheureux livre pendant une demi-heure, fut pour longtemps corrigée de la manie d'apprendre des nouvelles.

Les compagnes de sœur Joseph l'aimaient, et comment ne l'auraient-elles pas aimée? Elle, si mortifiée et si sévère pour son propre corps, ne permit jamais à ses sœurs de suivre son exemple. « Il leur faut, disait-elle avec raison, de la force et de l'énergie pour tenir leur classe, par conséquent elles ne doivent pas se priver de nourriture ; leur mortification consiste à faire consciencieusement leur devoir. » Aimable et gaie dans les récréations, elle savait par des mots spirituels et pleins d'à-propos dissiper l'ennui et chasser la mélancolie. Nous ne pouvons résister au plaisir de citer un petit trait qui montre le côté aimable de son caractère. Une de ses sœurs était sortie de classe maussade, irascible ; pendant le repas elle ne dit pas un mot ; en récréation même silence. On cherche à l'égayer ; rien ne la tire de sa misanthropie. Enfin, de guerre lasse, sœur Joseph se met à regarder avec anxiété autour d'elle comme si elle cherchait quelque chose. Fatiguée de ces investigations, notre boudeuse, d'un air impatienté : « Que cherchez-vous donc ? » dit-elle. La bonne sœur de répondre avec un gracieux sourire : « Je ne cherche plus rien, je cherchais votre langue, maintenant que je l'ai retrouvée, je suis contente. » Il va sans dire que la récréation se termina mieux qu'elle n'avait commencé. Si sœur Joseph aimait la joie simple et innocente, elle détestait la légèreté; à peine voyait-elle la gaieté dégénérer en dissipation, qu'elle rappelait le souvenir de la présence de Dieu.

C'est une tentation pour une économe de maison de regarder ses compagnes comme des personnes placées à son service plutôt que comme des sœurs obéissant au même maître, tant l'amour de la domination est inné dans le cœur humain! De là ces petits égards quelquefois recherchés d'une part et ces petites bassesses prodiguées d'autre part. Grâces à Dieu, sœur Joseph n'a jamais connu ces faiblesses, elle a aimé ses sœurs d'un amour sage et réglé et, se rappelant que le Seigneur Jésus est venu sur la terre pour servir et non pour être servi, elle n'a jamais souffert d'être servie par elles. Ses compagnes la pressaient un jour de leur permettre au moins de nettoyer ses chaussures, ce qui semble très-naturel. Sœur Joseph n'y consentit pas, et, comme elles insistaient : « Rappelez-vous bien, une fois pour toutes, dit-elle, que je ne veux pas avoir de servantes. » Elle se plaisait avec ses sœurs : « Je ne me trouve jamais si bien qu'avec vous, » leur disait-elle souvent. Aussi ne perdait–elle jamais dans le village un temps précieux ; sa besogne terminée, elle revenait aussitôt à la maison. Dans les retraites de la Communauté, on était édifié en voyant toujours sœur Joseph au milieu de ses deux compagnes, comme une mère au milieu de ses enfants, et le cri général était celui–ci : « Voyez comme elles s'aiment, » et on enviait leur bonheur.

En face d'un magnifique tableau, la foule s'arrête, regarde un instant et passe ; mais l'artiste ne se contente pas d'une admiration même enthousiaste, il examine attentivement, il tâche de surprendre au maître ses secrets, il étudie pour imiter. Or en fait de sainteté, nous devons tous être des artistes; quand nous avons devant nous une âme que ses œuvres ont placée au-dessus du vulgaire, il nous faut aussi l'étudier de près et chercher à saisir le secret de sa perfection. Nous allons le faire pour sœur Joseph. Comment a-t-elle pu opérer tant de bien, surmonter tant de difficultés et commander le respect et la vénération, même aux esprits les plus rebelles? Nous le dirons en deux mots : sœur Joseph fut une personne de prière et de règle. La règle la séparait du monde et la prière l'unissait à Dieu. Il y a, pour ainsi dire, deux toutes-puissances : la toute-puissance de Dieu dans le ciel et la toute-puissance de la prière sur la terre; celle-ci quelquefois est plus forte que celle-là, et si le monde la connaissait, il serait sauvé, parce que la justice divine se changerait en miséricorde. La prière se présente à nous, ou plutôt nous la présentons à Dieu sous les formes les plus

variées. Sœur Joseph les a toutes em-
ployées.

Un des exercices les plus importants et
les plus difficiles est l'oraison mentale ou
la méditation. On rencontre souvent beaucoup de sécheresses et d'aridités dans
cette conversation intime de l'âme avec
Dieu, et ces difficultés découragent les
jeunes sœurs, même les religieuses plus
âgées. Or sœur Joseph excellait dans
la pratique de l'oraison, parce que c'était
une âme simple qui allait droit à Dieu sans
détour et sans recherche. Pour apprendre
à ses compagnes à méditer, elle fit quelquefois la méditation elle-même à haute
voix, et ses sœurs se rappellent avec
délices certaines oraisons sur la bonté de
Dieu, pendant lesquelles la bonne religieuse causait si familièrement avec son
divin Époux. Sœur Joseph eut toute sa
vie une grande dévotion pour les souffrances et la mort du Sauveur. Cette
croix qu'elle avait vue, si jeune encore,

était restée gravée dans son âme, et toujours la bonne sœur comprit que c'était par la croix qu'elle devait arriver à Jésus. Chaque jour, avant la messe, notre sœur économe faisait le chemin de la croix, à genoux sur le pavé de l'église, sans se laisser arrêter ni par la rigueur du froid ni par la délicatesse de sa santé; l'amour de la croix l'emportait en elle sur tout autre amour. En faisant la visite des malades, quand elle passait d'une maison à une autre, elle méditait sur les mystères de la passion. Pendant quelque temps, comme elle avait quatorze malades à visiter, elle disait avec une foi admirable qu'elle était heureuse de pouvoir faire son chemin de la croix tout entier dans sa tournée. Devenue Supérieure, une sœur se plaignait à elle de ce qu'elle n'avait pas le temps de prier à cause du nombre des malades qu'elle avait à visiter : « Quand j'étais à Poissons, lui dit-elle, j'allais aussi voir les malades, je n'avais guère le temps de prier, mais voici comment je m'arrangeais : dans ma tournée, je me représentais Jésus-Christ parcourant les rues de Jérusalem, je le voyais ici portant sa croix, là tombant sous son lourd fardeau ; un peu plus loin rencontrant sa sainte Mère, etc... A la fin de ma journée j'étais assez contente de moi, je n'avais pas récité *beaucoup* de formules de prières, mais j'avais prié. Eh bien ! mon enfant, tâchez de suivre cette méthode, vous vous en trouverez bien. »

De la croix, sœur Joseph allait droit au Cœur qui a conçu ce mystère d'amour. A peine arrivée à Poissons, elle établit une sorte de garde d'honneur du Sacré-Cœur. On n'avait pas encore fondé cette noble milice qui aujourd'hui fournit à toute heure au Cœur de Jésus une escorte aussi nombreuse que fidèle ; mais l'amour de sœur Joseph pour son céleste Epoux lui inspira la pensée de réunir un certain nombre de personnes et de leur assigner à chacune

une heure, pendant laquelle elles offriraient au Cœur qui nous a tant aimés, leurs hommages et leur reconnaissance. Ce moyen réussit à merveille. Beaucoup de femmes et même quelques hommes voulurent avoir leur heure d'adoration. On conçoit le bien qu'une telle pratique produisit dans la paroisse, surtout quand M. l'abbé Joly, avec son zèle et son activité, eût fécondé ces germes précieux.

Suivant l'exemple et le précepte de Notre-Seigneur, sœur Joseph unissait la mortification à la prière. Malgré la faiblesse de sa santé, elle observait rigoureusement les jeûnes prescrits par l'Eglise; le soir, pour collation, elle ne mangeait qu'une pomme de terre cuite sous la cendre. Quand on l'engageait à prendre plus de nourriture, elle prétendait que son estomac n'en pouvait supporter davantage; il est vrai que, par suite de l'habitude qu'elle avait contractée de se contenter de peu, elle éprouvait de vives douleurs si on l'obligeait à manger plus que de coutume. Elle recevait avec reconnaissance les peines et les infirmités que le bon Dieu lui envoyait, et lui seul sait ce qu'elle souffrit dans son âme. Son corps ne fut pas non plus à l'abri des épreuves. Quelques années après son arrivée à Poissons, elle eut à subir une opération aussi dangereuse que douloureuse; aussi fit-elle sa préparation à la mort. Pendant tout le temps que dura l'épreuve, elle ne poussa pas une plainte, pas même un soupir. Le médecin étonné lui demande comment elle a pu supporter avec une telle sérénité une douleur si aiguë; pour toute réponse, sœur Joseph lui montre en souriant le crucifix qu'elle tenait à la main et sur lequel elle avait eu les yeux constamment attachés. Le docteur aimait à citer à ses malades ce trait de patience de sœur Joseph.

La patience et la douceur de sœur Joseph dans les contradictions et dans les épreuves qui viennent de la part des hommes, n'étaient pas moins admirables. On l'injuriait, on la menaçait : elle ne répondait que par le silence et les bienfaits. En parcourant les rues de Poissons avec ses compagnes, celles-ci lui faisaient remarquer le respect et la sympathie dont elle était entourée. « C'est vrai, dit-elle, le bon Dieu a changé le cœur de quelques personnes. Il y a une quinzaine d'années, je rencontrai sur le petit pont un de ces hommes qui nous a si bien saluées, il était moins poli qu'aujourd'hui. — Que vous a-t-il donc fait? — Furieux et hors de lui, il me met le poing sous la gorge et menace de me jeter à l'eau. — Qu'avez-vous dit? — Rien ; je me suis contentée de le regarder avec bonté, tandis qu'intérieurement je faisais mon acte de contrition, car je voyais le moment où il allait accomplir sa menace. Mais grâces à Dieu, désarmé par mon silence, il frappe du pied, murmure quelques paroles inintelligibles et finalement abandonne le terrain. J'avoue que j'étais bien soulagée. »

Encore un petit trait. Un jour qu'elle se rendait à la cure de Joinville, elle reçut sur la tête, en traversant la ville, un vase d'eau sale qu'une pauvre femme avait jeté d'une fenêtre, ne se doutant pas qu'il pouvait tomber sur les passants. Sœur Joseph, sans proférer une plainte et sans montrer la moindre impatience, continue tranquillement sa route. En la voyant arriver au presbytère en un si piteux état : « Décidément, ma bonne sœur, lui dit un vicaire, le démon vous en veut. — Tant mieux, » répondit-elle en souriant. Puis elle nettoie ses vêtements et s'en retourne paisiblement à Poissons, encouragée par la bénédiction et les sages avis du ministre de Dieu.

Après la prière, la religieuse trouve sa force dans ses saintes constitutions. La règle fait la religieuse comme le baptême fait le chrétien, et tout religieux, s'il veut rester tel, doit observer sa règle ; s'il la viole, il passe comme transfuge dans le camp des âmes vulgaires et timides. Les constitutions des maisons religieuses, variant dans les détails, s'accordent pour recommander les trois vertus fondamentales de la vie parfaite : l'obéissance, la pauvreté et la chasteté. Or pendant les dix-neuf années qu'elle passa à Poissons, sœur Joseph, au témoignage de ses compagnes, sut garder fidèlement ses saintes règles.

La religieuse, en quittant les livrées du monde, doit renoncer à tout, mais particulièrement à sa volonté. Saint Bernard dit quelque part que celui qui obéit à soi-même obéit à un insensé, et que c'est la volonté propre qui a creusé l'enfer. Voilà pourquoi une foule d'âmes d'élite, pour trouver la véritable sagesse et se ménager un avenir heureux, ont courbé leur volonté sous le joug de l'obéissance ; de sorte que chaque jour, chaque minute, elles ne font jamais ce qu'elles veulent, mais ce que Dieu veut.

Sœur Joseph était trop pénétrée des avantages de l'obéissance pour laisser échapper une seule occasion d'obéir. Ses supérieurs étaient pour elle les représentants de Dieu, et dans ce qu'ils recommandaient en particulier ou en général, elle voyait l'expression de la volonté divine. Après le saint Evangile, le règlement de la Communauté était son livre de prédilection, ou plutôt ces deux livres se confondaient dans son esprit et dans son cœur, puisque l'un n'est que l'application de l'autre. Aussi traitait-elle ces pages bien-aimées avec un religieux respect et en lisait-elle les articles avec une piété et une gravité qui portaient ses sœurs à les mieux pratiquer.

Les sœurs économes, dans la direction de leurs maisons, ont deux écueils à éviter : d'une part, un rigorisme brutal, qui ne permettrait jamais de s'écarter de la lettre du règlement; de l'autre, un laxisme dangereux, qui ouvrirait la porte à toutes sortes d'abus et détruirait la règle elle-même pour y substituer le caprice. Sœur Joseph sut les éviter. Nous n'entrerons point dans les détails qui seraient pour l'esprit une fatigue plutôt qu'une leçon; nous dirons seulement que le temps destiné à la prière était toujours gardé inviolablement, sauf les cas d'extrême nécessité; les permissions toujours demandées et renouvelées en temps voulu. Si quelque chose d'extraordinaire se présentait, notre économe demandait aux supérieurs une décision, ou quand la chose était pressante, elle se décidait elle-même et prévenait aussitôt. L'heure du lever ne fut jamais dépassée sans raisons graves, et si elle a été anticipée, comme nous l'avons vu, c'était avec l'agrément de l'autorité. Ses voyages étaient toujours inspirés par des raisons d'utilité ou de charité. L'obéissance et la régularité qu'elle pratiquait si bien, elle les exigeait de ses sœurs; elle ne supportait pas un manquement à la règle, ni aucun acte d'indépendance; mais il faut avouer que l'obéissance coûtait peu à des compagnes qui voyaient leur économe si régulière. On peut dire que la maison de Poissons était une véritable école d'obéissance. Les jeunes sœurs, au lieu de se déformer, pouvaient y continuer et y achever leur éducation religieuse seulement ébauchée au Noviciat.

Sœur Joseph n'aimait pas moins la pauvreté que l'obéissance. C'est un grand honneur pour les religieux de pouvoir dire à N.-S. comme saint Pierre : « Nous avons tout quitté pour vous suivre, quelle sera notre récompense? » et un plus grand bonheur encore d'entendre la réponse du Maître : « Quiconque aura quitté sa maison, ses frères ou ses sœurs, son père ou sa mère... à cause de mon nom, recevra le centuple et possédera la vie éternelle. » C'est ce qui explique l'amour ou plutôt la passion des saints pour la pauvreté. Cette vertu que saint François d'Assise appelait si délicieusement son épouse, sœur Joseph l'a pratiquée constamment. Elle était pauvre dans sa nourriture qui était toujours très-simple, mais, comme nous l'avons fait remarquer, toujours suffisante; autant elle détestait la sensualité, qui, par cette recherche et cette délicatesse dans les mets, amollit l'esprit et énerve le courage, autant elle repoussait l'avarice sordide qui tue le corps en le privant du nécessaire. Elle était pauvre dans son ameublement, aimant mieux se priver d'un objet utile que de faire une dépense qu'on pourrait regarder comme luxueuse. Elle était pauvre dans ses habits; elle portait longtemps le même vêtement, sans cependant qu'il fût inconvenant, tant elle mettait d'habileté pour le raccommoder. Mme la marquise lui disait quelquefois : « Sœur Joseph, que je vous aime avec vos reprises. » La bonne religieuse n'oubliait pas qu'en sa qualité d'économe, elle avait des comptes à rendre à ses supérieurs et à Dieu surtout ; voilà pourquoi elle veillait avec soin à ce que rien ne se perdît. Se gardant bien de confondre la pauvreté avec le désordre et la saleté, elle avait à un haut degré cet amour de l'ordre et de la propreté que Fénelon voulait qu'on inspirât aux jeunes filles. Sans avoir lu dans son enfance le traité du grand Archevêque de Cambrai, elle en avait reçu les principes et elle les mettait admirablement en pratique. « Accoutumez les filles, dit Fénelon, à ne souffrir rien de sale ni de dérangé ; qu'elles remarquent le moindre désordre dans une maison. Faites-leur même observer que rien ne contribue plus à l'économie et à la propreté que de tenir toujours chaque chose à sa place. Cette règle ne paraît presque rien, cependant elle irait loin si elle était exactement gardée (1). » Sœur Joseph

(1) De l'Education des filles.

l'a toujours gardée et fait garder ; à la tête
de la Communauté, comme dans sa petite
maison de Poissons, elle a su conserver
ces habitudes d'ordre, d'économie et de
simplicité qui s'allient si bien à l'esprit de
pauvreté et qui font la prospérité et le
charme d'une maison.

La chasteté est assurément la vertu la
plus chère au cœur d'une religieuse. Une
épouse de J.-C. cultive avec amour cette
fleur immaculée qui attire les regards du
céleste Epoux. « L'Agneau sans tache, dit
saint Augustin, marche par un chemin
virginal et tous les sens d'une vierge doivent être vierges. » Voilà pourquoi notre
économe exerçait sur toute sa personne
une vigilance si austère. Réservée et digne
dans l'intérieur de la maison, elle ne per-
mettait à ses sœurs ni familiarités mal-
saines, ni fades cajoleries. Mais c'est surtout en public qu'on voyait reluire en elle
cette douce gravité qui lui attirait les
cœurs et cette prudente modestie qui lui

conciliait l'estime et le respect. La visite
des malades est souvent un danger pour
la vertu des religieuses, sinon en elle-
même, du moins par les occasions qu'elle
fournit. Après avoir rendu au patient les
soins que réclame son état, on échange
quelques mots avec les gens de la maison;
il n'y a dans ces paroles rien que de digne,
mais peu à peu on s'enhardit de part et
d'autre, le prestige de la sœur diminue et
on arrive assez vite à un sans-gêne qui
n'engendre pas toujours le mépris, mais
qui est une source de tentations de toute
espèce.

Bien différente était la conduite de sœur
Joseph; sa besogne terminée, elle revenait
à la maison, et les habitants de la paroisse
ne lui ont jamais entendu proférer une
parole légère, pas plus que des propos
médisants. En retour, personne n'eût osé
tenir devant elle des discours inconvenants.
Il y dans la vertu une majesté qui s'impose
et ferme la bouche aux méchants. Elle

allait faire visite, à l'occasion du premier jour de l'an, à un personnage bien connu par ses sentiments chrétiens ; celui-ci, avec sa gaieté habituelle : « Allons, sœur Joseph, dit-il, on se donne au moins une poignée de main aujourd'hui. — Non, Monsieur, reprit la sœur économe avec gravité, ce n'est pas nécessaire, contentons-nous de prier les uns pour les autres et de travailler au bien commun. » Le Monsieur fut charmé de cette réserve et n'eut que plus d'estime pour la religieuse.

Sœur Joseph faisait le bien depuis dix-neuf ans dans la paroisse de Poissons quand, au mois de septembre 1844, une lettre de sa supérieure l'appelle immédiatement à Langres.

CHAPITRE IV

**Sœur Joseph est nommée supérieure.
Comment elle se conduit à l'égard
des sœurs du Conseil.**

Pour toute communauté, le choix d'un supérieur est une affaire de la dernière importance et les constitutions de toutes les grandes familles religieuses entrent sur ce point dans les détails les plus minutieux.

M. Leclerc n'a cependant tracé aucun règlement au sujet de l'élection de la supérieure, il en avait laissé le soin aux Evêques qui, avec le temps et l'expérience, devaient indiquer plus sûrement le mode d'élection le mieux approprié à l'institut.

Sœur Françoise, la première supérieure

générale, avait été nommée par M. Leclerc, sans aucune cérémonie ; elle était occupée à repasser le linge quand le vénérable fondateur la fit venir et lui annonça qu'il la choisissait comme supérieure de la petite Communauté.

A la mort de sœur Françoise, Monseigneur Mathieu, alors Evêque de Langres, voulut, à cause des développements considérables de la Congrégation, procéder avec plus de solennité à l'élection de la Supérieure. Il rendit, le 12 septembre 1834, une ordonnance où il est dit que désormais « le chapitre des élections se composera seulement de la supérieure sur le point de sortir de charge, des deux assistantes, de la maîtresse des novices, de la dépositaire, de trois sœurs économes choisies parmi les anciennes et trois autres économes prises parmi les nouvelles, au choix du supérieur, de manière à ce qu'il y ait toujours onze électrices..... Le chapitre ainsi composé nommera trois sœurs parmi lesquelles l'Evêque diocésain choisira la Supérieure. »

Pour guider les électrices, l'Evêque leur soumettait une liste de vingt religieuses qui, d'après les prescriptions du saint Concile de Trente, avaient au moins quarante ans d'âge et huit ans de profession (1). Après trois jours de retraite et de silence, les électrices écrivaient trois noms sur un billet qui était déposé dans l'urne en présence de Monseigneur et deux prêtres assistants. Sa Grandeur dépouillait elle-même le scrutin, choisissait un nom, proclamait la nouvelle supérieure et brûlait les billets sur un réchaud ardent, pendant qu'à la chapelle le *Te Deum* se récitait en action de grâces de l'élection. C'est ainsi qu'on procéda à l'élection de sœur Apolline, le 15 septembre 1834.

Le mauvais état de la santé de cette sœur la força à donner sa démission ; elle

---

(1) Sessio xxv. *De Regularibus et monialibus.* Cap. vii.

fut remplacée, en 1840, par sœur Théodosie, alors directrice de l'ouvroir. Fatiguée elle-même du lourd fardeau de la supériorité, elle offrit sa démission avec tant d'instance que Monseigneur crut devoir l'accepter. C'est alors qu'on choisit pour supérieure sœur Joseph.

Mgr Parisis, qui dès 1835 avait succédé à Mgr Mathieu, transféré à l'archevêché de Besançon, se conforma à l'ordonnance de son illustre prédécesseur ; seulement, au lieu de faire venir les électrices, il demanda leurs votes par lettres. Nous ne pouvons du reste mieux rendre compte de l'élection de sœur Joseph qu'en transcrivant textuellement le procès-verbal qui en fut dressé par Mgr Parisis lui-même :

« Le 23 du mois d'octobre 1844, Nous, Pierre-Louis Parisis, Evêque de Langres, Supérieur général de la Communauté de la Providence, à Langres, assisté de Monsieur Lamy, chanoine honoraire, supérieur des prêtres de Marie et directeur de

la dite Communauté, En présence de la
Mère Théodosie, des sœurs Marie, Eu-
phrosine, Cécile, Stanislas, Claire, Made-
laine, Elisabeth Brelet, Elisabeth Valuet,
Catherine, Apolline, Reine, Bernard, Victoire, Joséphine, Elisée, Joseph, avons
exprimé que la très-chère Mère Théodosie
nous ayant avec instance offert sa démission, nous l'avons acceptée, quoique à
regret, et que voulant nous conformer et
aux prescriptions du saint Concile de
Trente, et à l'ordonnance de notre prédécesseur du 12 septembre 1834, nous avons
écrit à onze électrices la lettre suivante :

« Langres, le 7 octobre 1844.

« Ma chère fille,

« Depuis longtemps votre bonne Mère
« sœur Théodosie me conjurait de lui per-
« mettre de déposer la charge redoutable
« qu'elle porte depuis près de cinq ans
« avec tant de courage, de dévouement et
« d'avantages pour la Communauté. Après

« avoir demandé à Dieu ses lumières et
« pris conseil de personnes sages, je viens
« enfin de consentir à son remplacement,
« conformément aux dispositions du saint
« concile de Trente et aux règles établies
« par Mgr Mathieu, Notre prédécesseur ;
« vous êtes appelée, ma fille, à concourir
« à l'élection d'une nouvelle supérieure de
« votre sainte Communauté. Pour cela,
« vous choisirez trois noms dans la liste
« que je vous envoie, vous les découperez
« et vous me les enverrez directement dans
« une lettre close, puis vous brûlerez le
« reste de la liste aussi bien que ma lettre
« dont vous ne parlerez absolument à per-
« sonne, non plus que de son contenu ni du
« choix que vous aurez fait. Je vous com-
« mande ce secret au nom de la sainte obéis-
« sance, même à l'égard de votre confesseur.

« Toutefois, comme il s'agit d'une chose
« très-grave, vous prendrez le temps de
« consulter le Seigneur. Au premier mo-
« ment libre après la réception de ma

« lettre, vous ferez un quart d'heure
« d'oraison, le lendemain vous ferez la
« sainte communion et dès que vous serez
« de retour de l'Eglise, vous ferez votre
« envoi tel que je viens de vous le pres-
« crire. Recevez, ma fille, l'assurance de
« mes sentiments les plus dévoués en
« N.-S. Signé : P. L., Ev. de Langres. »

« Chacune d'elles nous ayant envoyé
la réponse demandée, nous avons fait l'ouverture en gardant le respect dû au secret
des votes, et après en avoir fait le relevé et
nous être ainsi éclairé sur les désirs des
sœurs que nous avons appelées à concourir à cette importante opération, usant du
droit qui nous est donné par le saint concile de Trente, nous conformant à l'esprit
et aux intentions bien connues de M. Leclerc, fondateur de cette sainte maison,
nous avons nommé et nommons, proclamé
et proclamons Supérieure de notre Communauté de la Providence, la sœur Joseph,
voulant que notre très-chère fille sœur

Joseph exerce désormais et tant qu'il ne sera rien statué de nouveau, toutes les fonctions de la supériorité sur toutes les sœurs et tous les établissements faisant partie de la dite Communauté de la Providence; entendant que toutes lui rendent le respect et l'obéissance dus à sa charge et regardent en elle notre propre autorité et celle de l'Eglise qu'elle représente.

« De suite ont été brûlés les billets exprimant les votes et toutes les lettres qui les renfermaient. Immédiatement après la proclamation, la supérieure élue, de concert avec Monseigneur, a nommé pour son assistante la Mère Théodosie, et a maintenu dans ses fonctions de dépositaire la sœur Stanislas.

« De tout quoi Nous avons fait et dressé le présent procès-verbal signé de Nous, de notre assistant, de la démissionnaire et de la supérieure élue.

« A Langres, les jour, mois et an que dessus. »   Suivent les signatures.

Dès le lendemain de l'élection, le 24 octobre, Monseigneur faisait connaître à tous les établissements, par une lettre circulaire, le choix qu'il venait de faire. Il recommande à toutes les sœurs d'écrire immédiatement à la nouvelle supérieure pour lui rendre hommage et l'assurer de leur obéissance; il veut qu'on conserve à la sœur Théodosie le titre de Mère, « et c'est ce qui s'observera désormais pour toutes les supérieures qui sortiront de charge. »

Revenons à la Mère Joseph. La pauvre sœur qu'on avait appelée de Poissons quelques jours auparavant ne songeait guère à l'honneur qui l'attendait; elle employait ses journées à raccomoder le linge et à faire les autres ouvrages de la maison; aussi éprouva-t-elle une sorte de stupéfaction en s'entendant nommer supérieure générale de la Communauté et conjurait-elle avec larmes Mgr l'Evêque de revenir sur le choix qu'il faisait d'elle, protestant de son incapacité. Il arrive quelquefois qu'en de semblables circonstances les larmes et les protestations ne sont qu'officielles et ne servent qu'à dissimuler un amour-propre satisfait; mais quiconque a connu sœur Joseph, qui a vu de près son humilité et sa timidité, sait que sa douleur était intérieure et ses pleurs sincères.

Aussitôt que sœur Joseph est proclamée Supérieure, elle reçoit la soumission de toutes les sœurs présentes, puis elle est conduite à la chapelle et là, selon l'usage, on récite le *Te Deum* d'actions de grâces pendant que la petite cloche du couvent fait résonner l'air de ses joyeux accents.

La Communauté avait en effet lieu de se réjouir ; car elle avait une supérieure selon le cœur de Dieu. Quand Saül parut au milieu des enfants d'Israël, on vit qu'il les dépassait de toute la tête et Samuel leur fit remarquer qu'il n'y en avait pas de semblable à lui dans tout le peuple. Lors-

que sœur Joseph parut comme supérieure
au milieu de ses compagnes, on remarqua
aussi qu'on ne pouvait faire un meilleur
choix. On pouvait trouver plus d'esprit,
plus de talent, plus d'aplomb, plus d'autorité; mais il était difficile de rencontrer à
un plus haut degré cet ensemble de qualités qu'on aime à admirer dans une supérieure et qui avait son couronnement dans
une sainteté peu commune. Les religieuses sont heureuses de voir dans celle
à qui elles doivent obéissance, confiance et
amour, non-seulement la fermeté qui fait
respecter l'autorité, mais aussi la bonté et
la douceur qui la font aimer. La supérieure
d'une communauté religieuse doit avoir à
la fois un bras assez fort pour maintenir
ses filles dans l'observance des règles et
un cœur assez grand pour les renfer-
mer toutes. Ce n'est pas en vain qu'elle
porte le beau nom de Mère. Plus sa
famille est nombreuse, plus nombreuses
et plus variées seront les plaies qu'elle

aura à panser, les peines qu'elle aura à adoucir et les inquiétudes qu'elle aura à calmer ; conséquemment sa charité doit être inépuisable et sa sollicitude continuelle. La supérieure, c'est la femme forte et la vierge prudente qui a l'œil et l'oreille à tout; qui a sur sa maison une vue d'ensemble sans négliger les détails, qui imprime à tous les membres une direction générale et qui les suit autant que possible chacun en particulier; c'est à la fois la tête et le cœur d'un vaste corps en qui les peines et les joies de chaque membre doivent trouver un écho.

Sœur Joseph répondait assez bien à cet idéal d'une supérieure; elle avait donné à Poissons des preuves non équivoques de prudence et de tact, de bonté et de fermeté. Cependant son humilité était telle qu'on avait à craindre de sa part un peu de timidité et d'irrésolution dans le commandement, mais la grâce divine et les encouragements de son Evêque lui donnèrent assez vite l'assurance et la fermeté nécessaires pour gouverner une communauté.

Quelque temps après son élection elle faisait part à Mgr Parisis de l'embarras qu'elle éprouvait quand elle était obligée de correspondre avec des personnes lettrées. Le Prélat la rassurait : « J'ai lu avec une grande satisfaction, lui disait-il, votre bonne lettre d'avant-hier ; non-seulement elle révèle la bonté de votre cœur et la délicatesse de vos sentiments, mais elle prouve encore que vous êtes, dans votre simplicité, capable d'écrire fort convenablement. Il faut donc vous enhardir, non par ostentation, ce qu'à Dieu ne plaise, mais pour mieux accomplir les adorables volontés du divin Maître. En ce qui me concerne, soyez bien sûre que je vous comprends très-distinctement, malgré la timidité de votre langage... Que la paix du Seigneur soit toujours avec vous... »

Sœur Joseph avait naturellement fait part de sa nomination à Mgr Mathieu, son ancien évêque; à lui aussi elle avait exprimé ses craintes pour l'avenir. Le digne Prélat, qui avait été le confident de ses peines à Poissons, qui avait admiré sa conduite prudente et réservée dans ce poste difficile, et qui avait cru devoir la choisir, dès 1834, comme une des onze électrices, lui répondit à la date du 9 janvier 1845 : « Quand on n'a point cherché le poste où vous êtes; quand on ne l'accepte qu'avec une humble défiance de ses forces et en vue de l'obéissance, on peut espérer que Dieu lui-même nous soutiendra et nous empêchera de succomber sous le fardeau. Prenez donc bon courage, et dans vos moments de peines recourez à N.-S. agonisant au Jardin des Olives, dites avec lui à son Père qui est aussi le vôtre : « Non « pas ce que je veux, mais ce que vous « voulez, ce qui peut vous plaire. » Ne m'oubliez pas auprès de toutes vos mères et sœurs tant anciennes que nouvelles : il faut que les nouvelles soient anciennes par l'amour et l'observance des règles, et que les anciennes soient nouvelles par la ferveur. » En réponse à une autre lettre par laquelle la Mère Joseph informait Mgr l'Archevêque de la mort de sœur Apolline, l'ancienne supérieure, et lui exprimait de nouveau ses inquiétudes, Sa Grandeur lui recommandait « d'attendre tout de notre Père qui est au ciel et de ne perdre jamais cette douce confiance qui fait les véritables filles de la Providence. »

Cependant la Mère Joseph ne devait pas tarder à se mettre en communication avec ses filles; elle le fait par sa circulaire du 4 novembre 1844, où elle nous révèle la beauté de son âme.

« Je suis très-sensible à tout ce que vous devez éprouver en voyant le changement qui vient d'avoir lieu par suite de la démission de la bonne Mère Théodosie, qui a porté le fardeau de la supériorité avec tant de zèle et d'activité. Nous lui devons toutes, mes bonnes sœurs, une grande reconnaissance pour le bien qu'elle a fait à notre Communauté en général et à chacune de nous en particulier. J'espère bien que nous nous souviendrons d'elle comme de celles qui l'ont précédée dans cette redoutable charge, puisque toutes ont sacrifié pour nous leur repos, leur santé et leur personne.

« Mais quel choix la divine Providence vient de faire? Ah! plaignez, plaignez la dernière de vos sœurs qui se trouve aujourd'hui contrainte de gouverner cette nombreuse et sainte famille. Je pense bien, mes chères sœurs, que vous ferez votre possible pour alléger le fardeau qui repose sur ma faiblesse. Priez pour moi, je vous en conjure, vous sentez combien j'ai besoin de vos prières. De mon côté, je vous assure que j'élargis de plus en plus mon cœur pour vous y porter toutes. Puisque le bon Dieu veut nous tenir dans l'humilité, comme il nous le prouve en ce moment même par l'élection de votre pauvre sœur

Joseph appelée à devenir votre mère, tâchons de le bien servir en pratiquant cette belle vertu et en observant fidèlement nos saintes constitutions ; aimons en toutes choses la simplicité selon l'esprit de notre vénérable fondateur.

« Ne faisons, mes bonnes Sœurs, qu'un cœur et qu'une âme ; attirons les bénédictions du ciel sur notre chère Communauté, afin qu'elle puisse se soutenir contre les orages que les œuvres de Dieu rencontrent toujours dans cette vallée de larmes. Combien je voudrais être à même de donner les avis, les conseils et les consolations que la bonne mère Théodosie distribuait à chacune d'entre vous ! Mais au moins, mes chères sœurs, je puis vous dire dans la sincérité de mon âme qu'avec la grâce de Dieu et le secours de vos prières, je ne négligerai rien pour vous être utile ; je prie d'avance le Seigneur de suppléer à mon incapacité et d'avoir égard à ma bonne volonté ainsi qu'à vos bonnes dispositions.

C'est au pied de la croix et dans la pensée des miséricordes infinies du divin Maître que je suis, mes bonnes sœurs , votre toute dévouée, Sœur Joseph. »

La nomination de sœur Joseph fut parfaitement accueillie dans la Communauté. Toutes les religieuses se rappelaient les exemples de régularité et de piété que leur avait donnés dans les retraites l'économe de Poissons ; les anciennes allaient voir revivre dans leur supérieure les vertus de sœur Françoise, son admirable simplicité surtout ; les plus jeunes, qui savaient combien elle avait été bonne pour ses compagnes, se réjouissaient de l'avoir pour guide et pour soutien ; toutes allaient donner leur confiance à une Mère que toutes vénéraient alors qu'elle n'était que leur sœur. Les personnes du dehors qui l'avaient connue à Poissons s'applaudissaient d'un pareil choix pour la Communauté de la Providence. « Sœur Joseph fera une excellente supérieure, disait

M. de Maupas, si elle parvient à vaincre sa timidité naturelle. » Un prêtre, qui avait pu apprécier ses qualités, assurait qu'il ne connaissait pas de meilleure supérieure que sœur Joseph.

La population de Poissons rendit aussi hommage à sa manière aux vertus de la nouvelle supérieure. Sœur Joseph avait été mandée à Langres depuis déjà plus de quinze jours et on ne parlait point de son retour. Tout à coup le bruit se répand qu'elle est appelée à d'autres fonctions. Des murmures éclatent de toutes parts dans la localité. Sur ces entrefaites arrive la mère Théodosie ; elle vient tranquillement chercher les effets de sœur Joseph qui est nommée supérieure de la Congrégation. Mais elle avait compté sans les habitants ; ceux-ci armés de fourches et de bâtons s'apprêtaient à lui faire un mauvais parti, quand l'ancienne supérieure est heureuse de trouver un chemin détourné pour échapper par la fuite aux

insultes et peut-être aux mauvais traite-
ments d'une population irritée. Les malles
de sœur Joseph ne purent être envoyées
que plus tard.

Le Saint-Esprit résume en deux mots
la vie de l'Homme-Dieu : « *Jésus,* dit-il,
commença à pratiquer, puis à enseigner. »
Ce n'est qu'après avoir embaumé Naza-
reth pendant de longues années du parfum
de ses divines vertus qu'il va, par ses
prédications et le spectacle de sa vie publique, les faire rayonner d'un incomparable éclat sur la Judée et sur le monde
entier. On peut résumer de même, toute
proportion gardée, la vie de l'humble servante de Jésus, de la bonne Mère Joseph;
elle pratiqua d'abord, puis elle enseigna.
Avant d'être élevée à la charge redoutable
de supérieure, Dieu voulut qu'elle connût
les épreuves et les contradictions, afin
qu'elle pût compatir aux fautes et aux faiblesses de ses filles. Sa vie de 24 années à
Cuves et de plus de 20 ans à la Commu-

nauté devait être un livre ouvert où ses
sœurs pourraient trouver des leçons plus
éloquentes que les plus beaux discours.
Heureux les hommes qui, promus à une
dignité quelconque, peuvent dire à leurs
inférieurs, en montrant leur vie passée :
« Je vous ai donné l'exemple, faites comme
j'ai fait moi-même ! »

Nous allons donc étudier la seconde
partie de la vie de sœur Joseph. Nous
l'avons vue surtout agir, voyons-la unir la
parole à l'action.

Quelques jours après sa nomination,
une fois revenue de l'abattement où l'avait
plongée son élévation, sœur Joseph mesure d'un regard la tâche qui lui incombe
et elle la trouve immense. Cependant elle
ne se décourage pas ; comptant sur la
grâce divine et sur les lumières de conseillers tout dévoués, elle se met généreu-
sement à l'œuvre. Nous verrons son action
partout, dans le conseil, au noviciat et
jusque dans les établissements les plus

lointains. Il suffira de transcrire les quelques notes qu'elle a laissées pour la voir s'occuper de tout et tracer à toutes ses sœurs leurs devoirs avec ce bon sens pratique qui est le fruit de la réflexion et de l'expérience. Ces notes sont le canevas des instructions et des avis que la bonne mère donnait à ses filles particulièrement pendant les retraites. Elles seront donc doublement chères aux Sœurs de la Providence, et à cause des leçons importantes qu'elles renferment, et à cause de la source d'où elles émanent. Ajoutons que, comme la plupart ont entendu ces conseils sortir de la bouche même de leur vénérée Mère, elles en liront avec joie le résumé tout incomplet et tout décoloré qu'il sera.

Après la mort de M. Leclerc, par mesure d'ordre et de prudence, on établit à côté de la supérieure un bureau d'administration chargé du temporel de la Communauté. Ce bureau, composé de sept membres choisis parmi les prêtres et les laïques

les plus recommandables, s'occupait activement des intérêts matériels de la Congrégation, déterminait les conditions à
remplir ponr fonder de nouvelles maisons
et examinait dans tous les détails les
comptes de la maison-mère et ceux des
établissements particuliers. D'autre part
la supérieure avec quatre religieuses
formaient, sous l'autorité du supérieur
nommé par l'Evêque, le conseil d'administration qui était chargé de la discipline
ainsi que du choix et du placement des
sujets.

Les vénérables prêtres qui ont partagé
avec la supérieure le gouvernement de la
Communauté sont, sous Nos Seigneurs
Dorcet et Mathieu, MM. Barrois, chanoine, et Bavoillot, vicaire général.

Mais cette dualité dans l'administration,
en compliquant les affaires, nuisit bientôt
à la direction générale de la maison. Les
Evêques le comprirent. Déjà Mgr Mathieu
avait réduit à trois le nombre des membres

3*

du bureau ; désormais le supérieur, la supérieure générale et un membre nommé par Sa Grandeur, devaient seuls en faire partie. Enfin Mgr Parisis, par une ordonnance en date du 2 avril 1840, institua un conseil unique d'administration qui s'occuperait des intérêts matériels de la Congrégation aussi bien que des autres parties du gouvernement. Comme on ne peut avoir une idée de la manière dont est régie la Communauté, si l'on ne connaît la nature et les attributions du conseil, on nous saura gré de citer textuellement l'ordonnance épiscopale qui l'établit.

« Nous, Evêque de Langres,

« Considérant que notre Communauté de la Providence, par une faveur spéciale de Dieu, prend chaque jour plus d'extension et que cette augmentation toujours progressive des sujets qui la composent et des maisons qui en dépendent rend son gouvernement plus important, plus laborieux et plus compliqué,

« Considérant qu'en en laissant la direction à une seule supérieure, sans la faire assister d'un Conseil, nous l'exposerions à succomber sous le poids d'un travail excessif, sans pouvoir conserver l'espérance qu'il serait convenablement suivi dans tous ses détails,

« Considérant qu'il est contraire à l'esprit de l'Eglise et aux habitudes de la vie monastique que la supérieure d'une maison religieuse soit ainsi abandonnée à elle-même, destituée de tout conseil et de tout concours de la part de ses sœurs ;

« Considérant enfin que dans le gouvernement d'une Communauté il est des cas si difficiles et si graves que, pour les décider avec prudence, il est indispensable de recourir aux avis de plusieurs,

« Avons ordonné et ordonnons :

« Art. 1er. Il y aura dans notre Communauté de la Providence un Conseil d'administration composé : 1° d'un ou de plusieurs ecclésiastiques désignés par Nous ; 2° de la

Mère supérieure, de la sœur assistante, de la première maîtresse du noviciat, et des autres religieuses que nous croirons devoir y adjoindre.

« Art. 2. Ce Conseil est présidé, en notre absence, par un des ecclésiastiques dans l'ordre de leur préséance déterminé par nous, ou, en leur absence, par la Mère supérieure. Ses délibérations sont inscrites sur un registre particulier par le membre chargé de faire les fonctions de secrétaire, lequel sera chaque année élu par le Conseil.

« Art. 3. Aucun séculier ni séculière ne peut, sous aucun prétexte, faire partie de ce Conseil, ni assister à ses séances.

« Art. 4. Les questions soumises au Conseil sont décidées à la majorité des voix, après une libre et convenable discussion. En cas de partage. égal, la voix du président est prépondérante. Chaque membre a le droit de faire telle proposition et observation qu'il juge nécessaire ou utile. Sur la demande d'un seul membre, les décisions prises seront soumises à l'autorité de l'Evêque qui peut, dans tous les cas, quand il le veut, se faire rendre compte des délibérations du Conseil et y apporter toutes les modifications qu'il jugera convenables.

« Art. 5. Le Conseil, à moins d'une autorisation spéciale de l'Evêque, ne peut délibérer s'il ne s'y trouve plus de la moitié des membres qui le composent, ni en l'absence de tous les membres auxquels la présidence est dévolue par l'art. 2.

« Art. 6. Tous les membres du Conseil sont tenus envers les personnes qui ne font pas partie de l'administration au secret sur tout ce qui s'y fait et s'y dit.

« Art. 7. Les objets nécessairement soumis au Conseil sont l'entrée définitive d'une postulante, l'admission au noviciat et à la prise d'habit, le renvoi de toute personne reçue dans la Communauté, même comme simple postulante, l'envoi des sœurs dans les diverses maisons, leur déplacement d'une maison à l'autre, la formation de nouveaux établissements, les mesures générales concernant le noviciat, le règlement de tous les comptes et la formation du budget annuel de la Maison-Mère.

« Art. 8. Quand une personne se présente pour entrer au postulat, la supérieure peut l'y admettre provisoirement, mais son entrée définitive doit être décidée par le Conseil dans les trois mois qui suivent son entrée.

« Art. 9. Dans le cas d'urgence sur quelques-uns des points portés en l'art. 7, si la réunion immédiate du Conseil n'est pas possible, il est déféré à l'Evêque qui décide.

« Art. 10. La supérieure demeure personnellement chargée de tout ce qui n'est pas désigné à l'art. 7, néanmoins elle peut consulter son Conseil sur tous les points pour lesquels elle croit bon de demander son avis, mais elle n'est pas tenue alors de s'y soumettre.

« Art. 11. Le Conseil s'assemblera ordinairement une fois par semaine à jour fixe, il pourra le faire plus souvent, mais il ne devra jamais passer un mois sans se réunir. Il est convoqué par la supérieure ou par l'un des supérieurs ecclésiastiques.

« Donné à Langres sous Notre seing, etc., le 2 avril de l'an de grâce 1840.

« P. L., Ev. de Langres. »

Cette ordonnance est sage et pratique; elle n'admet dans le conseil d'administration que les membres de la Communauté sous la présidence de l'Evèque, qui en est le premier supérieur, ou de ses représentants. Personne en effet ne peut mieux connaître les besoins d'une congrégation, et partant ne peut la servir plus utilement, que des sœurs qui vivent de sa vie, qui en partagent les joies et les peines, qui lui ont voué leur existence et qui l'aiment du fond de leur âme.

Le Prélat craignant que par la création

d'un Conseil l'autorité de la supérieure ne parût amoindrie, fit remarquer quelques jours après la promulgation de son ordonnance « que le but du conseil est de fortifier le pouvoir de la Mère et non de le partager. C'est à elle seule à en manifester et à en faire exécuter les décisions. Réunies en Conseil, toutes les sœurs peuvent et doivent donner leur vote et leur avis ; une fois séparées, leur autorité cesse, elles sont censées ne plus rien savoir de ce qui s'est dit ou fait ; elles doivent se garder de laisser entrevoir même leur avis personnel. C'est l'unité de commandement qui fait la force et la vie des maisons religieuses, comme elle fait la force et la vie de l'Eglise elle-même. »

En entrant en charge, la Mère Joseph trouvait donc un Conseil établi pour l'éclairer de ses lumières et partager sa responsabilité. Elle avait à son égard deux devoirs à remplir : 1° prendre son avis dans les choses qui étaient de son ressort et le tenir au courant des affaires de la Communauté; 2° maintenir dans ses membres l'esprit primitif de l'Institut, car c'est de là qu'il doit se répandre sur la Congrégation tout entière. La Mère Joseph ne faillit jamais à ce double devoir. On ne peut rien lui reprocher qui sente le gouvernement personnel. Non-seulement elle soumettait au conseil tous les points indiqués dans l'art. 7 de l'ordonnance, mais elle agissait de concert avec lui dans les affaires de quelque importance; savait-elle même qu'une sœur, qui n'habitait pas la maison-mère, pouvait par sa position jeter un peu de lumière sur une question obscure, elle ne dédaignait pas de la consulter, lui demandait par écrit son avis ou, le plus souvent, l'appelait à Langres.

Mais c'est surtout dans les avis qu'elle donne aux sœurs du Conseil et particulièrement aux sœurs visiteuses que nous admirons l'esprit éminemment pratique et religieux de la Mère Joseph. « Les sœurs du conseil, disait-elle, doivent être d'une grande discrétion et d'une prudence à toute épreuve ; elles doivent garder le secret le plus religieux sur tout ce qui se dit et se passe dans le conseil et sur tout ce qui leur est confié à raison de leur charge. Il faut avant tout qu'elles soient animées d'un grand esprit religieux, car elles doivent être le modèle de toutes les sœurs, et si par malheur cet esprit religieux se perdait dans la Communauté, il devrait se retrouver dans les sœurs du conseil toujours aussi ardent et aussi pur. »

Une des fonctions les plus importantes qui incombe aux sœurs conseillères, c'est la visite des établissements. Plus une Communauté s'étend et plus la vie doit être abondante au cœur même de l'Institut pour qu'elle puisse circuler partout. Dans le corps humain, le sang va porter la vie dans tous les membres au moyen des artères. Une Communauté, qui est un corps, doit aussi avoir des canaux destinés à communiquer la vie, c'est-à-dire l'esprit religieux, aux membres les plus éloignés. Cette noble mission est dévolue aux sœurs du Conseil qui prennent dans ce cas le nom de sœurs visiteuses. Les sœurs visiteuses ne pouvaient échapper au regard vigilant et à la sollicitude de sœur Joseph. Écoutons-la leur tracer leurs devoirs :

« La charge de visiter les établissements est confiée à une sœur du conseil ; elle les visitera tous les ans. Le but de cette visite est de donner aux sœurs les consolations et les avis nécessaires à toutes, mais principalement à celles qui sont isolées ; de s'assurer de leur conduite sous le rapport de la régularité, de la piété et du bon exemple. La sœur visiteuse doit voir comment les classes sont tenues ; quel est l'état du logement, si le traitement est suffisant et régulièrement payé ; elle s'informera en un mot de tout ce qui concerne le spirituel, le temporel et la santé des sœurs. Elle s'adressera, s'il en est besoin, aux autorités locales pour leur faire les réclamations nécessaires dans l'intérêt des écoles et des sœurs.

« Celles-ci se montreront très-ouvertes envers la sœur visiteuse, afin de recevoir les avis convenables pour leur avancement spirituel et pour le bon ordre de leurs maisons et de leurs classes. Elles recevront avec docilité les conseils qui leur seront donnés, se soumettront humblement aux observations qui leur seront faites, et accompliront exactement ce qui leur sera recommandé dans leur intérêt personnel et pour le bien de leurs élèves. Elles feront connaître leur trousseau, leur mobilier et celui de leurs classes; en général, elles feront part de tout ce qui intéresse l'établissement.

« De son côté la sœur visiteuse sera pleine d'égards pour ses sœurs, elle leur parlera avec franchise et fermeté, s'il est nécessaire, mais jamais avec dureté. Elle

se tiendra en garde contre les préventions
et n'émettra point de jugements précipités.
La visite terminée, la sœur visiteuse prend
des notes exactes sur tout ce qu'elle a vu,
fait un rapport détaillé sur chaque établissement et le donne à la supérieure
générale. »

Il faut avouer que des visites faites avec
cet esprit ne peuvent manquer de faire
beaucoup de bien. Quel bonheur en effet
pour une économe et pour une jeune sœur
de pouvoir ouvrir leur âme, exposer leurs
difficultés et confier leurs peines à celle qui
est non-seulement les yeux et les oreilles
de la supérieure, mais aussi et surtout son
cœur ! C'est par la visite des maisons particulières que les supérieurs apprennent à
connaître leurs sujets, car on ne connaît
une personne qu'après l'avoir vue à l'œuvre. La sœur visiteuse, une fois sa tournée
achevée, raconte en détail à la supérieure
tout ce qu'elle a remarqué, et consigne
dans un registre spécial le résumé précis

et exact de chaque visite qu'elle a faite ; de sorte qu'on n'a qu'à consulter ce registre pour connaître l'état d'une maison, pour savoir si la règle s'y observe, si la paix y règne tant à l'intérieur qu'à l'extérieur, etc. Sœur Joseph écoutait toujours avec un grand intérêt la relation de la sœur visiteuse, et souvent elle l'interrogeait sur les plus petits détails afin d'avoir une idée aussi juste que possible des établissements qu'on venait de visiter.

C'est encore une sœur du conseil qui, sous le nom de dépositaire, est chargée de l'économat. La dépositaire a une grande responsabilité ; non-seulement c'est sur elle que repose l'entretien de la maison-mère, qui, avec le pensionnat et l'ouvroir, renferme deux cent cinquante personnes, mais encore elle doit fournir à toutes les sœurs de la congrégation l'étoffe avec laquelle elles confectionnent leurs vêtements, ainsi que la plupart des fournitures de classe ; puis elle reçoit les comptes de tous les établissements et les transcrit avec le détail des recettes et des dépenses sur un livre qui passe chaque année sous les yeux du conseil. Sœur Joseph examinait soigneusement les comptes détaillés de chaque maison, de sorte que la situation financière des établissements ne lui échappait pas plus que leur situation morale. En entrant en charge elle eut l'avantage de trouver le poste si délicat de dépositaire occupé par sœur Stanislas, dont le souvenir vivra toujours dans le cœur des pauvres et des ouvriers qui l'ont connue.

L'année avant l'élection de sœur Joseph, il avait été décidé que la direction de la maison-mère serait confiée à une assistante; elle porterait le nom d'économe et serait pour la maison de Langres ce qu'une économe ordinaire est pour un établissement particulier. La supérieure générale ne devait s'occuper que du gouvernement de la communauté. L'économe de Langres lui rendait compte tous les huit jours de son administration. Comme on le voit, le but de cette institution était de soulager la supérieure. Mais après une expérience de deux années, on reconnut des inconvénients dans cette manière de diriger la maison-mère et on convint que la maison de Langres serait soumise, comme par le passé, à l'autorité immédiate de la supérieure générale.

CHAPITRE V

Sœur Joseph et le noviciat.

Le noviciat est pour toute congrégation ce que les racines sont à un arbre, ce que la source est à un fleuve, ce que les fondations sont à un édifice. Si les racines prennent un suc insuffisant ou empoisonné, l'arbre bientôt languit et meurt ; si la source tarit, le fleuve se dessèche ; si les fondations manquent, l'édifice ne tarde pas à s'écrouler.

Le noviciat est le temps pendant lequel on étudie et on pratique dans une congrégation où l'on se propose d'entrer, les règles et les devoirs de la vie religieuse, pour savoir soi-même et faire connaître à la communauté si l'on peut y être admis.

Le noviciat est si nécessaire que l'Eglise n'a jamais voulu en dispenser ; il doit durer au moins une année entière ; mais dans les congrégations de religieuses à vœux simples, il est généralement de deux ans. C'est ainsi qu'à la Providence les jeunes personnes, sauf pour des raisons exceptionnelles, restent au noviciat pendant deux années avant de recevoir l'habit religieux, et ce n'est qu'après six nouvelles années d'épreuves dans les paroisses qu'elles sont admises à faire des vœux. Il y a donc en réalité huit ans de noviciat ; seulement une fois revêtues du saint habit, les novices ne sont pas distinguées extérieurement des religieuses professes. Les vœux, du moins jusqu'alors, se font secrètement et seulement pour deux ans, à moins que les supérieurs n'aient autorisé à les faire pour un temps plus long.

Il serait bon qu'après ces six années d'épreuves on pût rappeler à la maison-mère les novices professes, afin de les préparer par quelques mois ou même une année de réflexion et de prières, à leur profession religieuse qui serait alors publique. C'était le désir de sœur Joseph : espérons qu'il sera possible un jour de le réaliser.

Si l'on demande pourquoi tant d'années de noviciat, je répondrai que plus un arbre doit être agité et tourmenté par les vents, plus ses racines doivent être fortes et profondes. Or les communautés qui envoient leurs membres au milieu du monde, ressemblent à ces arbres plantés au sommet des montagnes qui n'échappent à aucun tourbillon , tandis que les communautés cloîtrées sont semblables à ces heureuses plantes qui, abritées de partout, ne prennent l'air et le jour que du côté du ciel. Il est facile d'être obéissant, pauvre et chaste, quand on vit sous l'œil de ses supérieurs, qu'on n'a rien à son usage, et que, soustrait à toutes les occasions, on n'a à combattre que les tentations qui viennent de l'intérieur et du démon. Il en est tout autrement quand, loin de la maison-mère, on a soi-même son établissement à diriger et à entretenir, et qu'on entend sans cesse le bruit et les agitations du monde.

Il est donc très-important pour la supérieure de bien choisir la maîtresse des novices. Celle-ci doit être douée d'un grand esprit de piété joint à un bon jugement, connaître parfaitement les règles et les usages de la communauté et avoir un caractère plein de bonté et de fermeté.

« La maîtresse des novices, dit la mère Joseph, doit s'attacher à développer dans ses élèves les qualités de l'esprit et du cœur, étudier leur caractère, corriger leurs défauts et les instruire des devoirs de la vie religieuse. Il ne faut pas leur cacher qu'il y a dans ce saint état des peines, des privations qui exigent un grand renoncement et un complet oubli de soi-même. Elle examinera si chacune d'elles a les qualités requises pour être admise à la communauté ; elle fera disparaître dans les novices les restes du monde, et leur apprendra à soumettre leur jugement et leur volonté à la sainte obéissance. Elle détruira tout ce qu'il pourrait y avoir de grossier et de peu honnête dans leur conduite et dans leurs manières, et elle les accoutumera à être douces, affables et prévoyantes selon les règles de la civilité chrétienne. Elle exigera que l'ordre et la propreté règnent sur leurs personnes et dans tout ce qui leur appartient, tout en leur inspirant le mépris de toute recherche et affectation.

« Elle leur donnera des avis particuliers sur l'oraison, le saint office, l'examen de conscience, et elle les formera à la simplicité et à l'ouverture du cœur avec les supérieurs. Elle tiendra une note exacte et détaillée des observations qu'elle aura faites et des fruits qu'elles auront produits, du caractère, des talents, de l'application et des progrès des novices, et tous les trois mois elle communiquera au conseil les renseignements qu'elle aura recueillis ; toutefois ce qui est confidentiel ne fera point partie de cette note.

« Elle n'introduira dans la méthode d'instruire aucune innovation. Elle donnera à ses novices une instruction soignée sur toutes les parties de l'enseignement, sans omettre le travail à l'aiguille. Elle pratiquera envers toutes la patience, la charité et la douceur afin de gagner leurs cœurs et de pouvoir plus facilement les conduire à la perfection. Elle se tiendra en garde contre les préventions et elle ne se laissera jamais conduire par des sympathies ou des antipathies naturelles. Qu'elle se rappelle sans cesse que l'avenir de la communauté est entre ses mains, qu'il dépend de la manière dont elle formera les novices, conséquemment qu'elle soit elle-même très-régulière, remplie de zèle et de prudence et animée de l'esprit de Dieu dans l'accomplissement de tous ses devoirs. La maîtresse des novices fait partie du conseil.

Mais quels que soient le zèle et les talents de la maîtresse des novices, ses efforts resteront stériles, si elle n'a pas à conduire des personnes intelligentes et judicieuses. Pour former un bon noviciat, il faut donc que les postulantes soient choisies avec discernement, et c'est là l'œuvre des sœurs de campagne et surtout de Messieurs les curés. Aussi dès la deuxième année de son supériorat (7 juin 1846), la mère Joseph prie Messieurs les curés d'envoyer à la maison le plus de postulantes qu'ils pourront. « Notre nombre, écrit-elle, quoique bien augmenté par la bénédiction du bon Dieu, est encore loin d'être proportionné aux besoins des populations, à raison des demandes qui nous sont adressées pour obtenir des établissements nouveaux. Il nous faudrait un noviciat plus nombreux. C'est Dieu qui donne les vocations, mais ce sont ses ministres qui les favorisent et les cultivent. Nous recourons donc avec confiance à votre charité sur ce point... »

Après avoir fait appel à Messieurs les curés, elle stimule le zèle des sœurs. « Préparez-nous des postulantes, leur disait-elle, mais de bonnes. Il y a des jeunes personnes qui, sans vocation et uniquement parce que le monde ne leur offre pas ce qu'elles désirent, veulent entrer en religion. Si elles vous confient leur projet, faites-leur comprendre qu'elles ne seraient pas à leur place dans une communauté. Nous ne demandons pas, pour postulantes, des personnes parfaites, mais nous voulons des personnes disposées à le devenir en travaillant avec ardeur à l'acquisition des vertus religieuses et prêtes à faire le sacrifice de leur jugement, de leur volonté et de leurs aises. Il faut à une postulante de la docilité, un jugement sain, du tact, des manières honnêtes, un

goût prononcé pour l'instruction des enfants et de l'aptitude à acquérir les connaissances propres à sa vocation. Vous
devez savoir qu'on n'admet point les personnes qui ont des difformités corporelles
ou qui appartiennent à des familles mal
famées. Celles qui auraient des infirmités
secrètes doivent en faire part aux supérieurs avant leur entrée; leur silence sur
ce point serait un motif suffisant d'ex-
clusion. »

Le noviciat se compose de deux sortes
de personnes, les postulantes et les novices.
Trois mois après leur entrée à la maison,
les postulantes subissent un examen qui
fait connaître leur degré d'instruction et,
dans une certaine mesure, leur goût pour
l'étude; sur l'avis favorable de la maîtresse, elles sont dès lors admises à tous
les exercices du noviciat que jusque là elles
ne suivaient qu'en partie. Si elles persé-
vèrent dans leurs bonnes dispositions et
qu'on remarque en elles des signes sérieux

de vocation, elles reçoivent au bout de huit ou neuf mois l'habit de novice, qu'elles portent jusqu'à ce qu'elles soient appelées à revêtir l'habit religieux. Outre la maîtresse chargée de la direction du noviciat, il y a encore deux ou trois maîtresses de classe qui s'occupent exclusivement de l'instruction des novices.

La supérieure, sans gêner l'action de la maîtresse, peut et doit s'occuper du noviciat, d'abord pour maintenir l'unité de direction et de gouvernement, puis pour connaître autant que possible les novices qu'elle devra bientôt placer, enfin pour communiquer à ces jeunes âmes, l'espoir et l'avenir de la communauté, l'esprit religieux dont elle-même est le foyer. C'est à elle à leur imprimer le cachet primitif de l'institut, parcequ'elle doit en porter l'empreinte mieux que personne.

La Mère Joseph s'était réservé la lecture des saintes Constitutions au noviciat. Elle tenait à lire et à développer elle-même ces

règles si sages, tracées par une main vénérable, et qui avaient déjà contribué à la
perfection de tant de religieuses. Puis,
autant que lui permettaient ses nombreuses
occupations, elle voyait de temps en temps
les novices en commun et en particulier ;
dans les dernières années de sa vie elle se
plaignait beaucoup de ne pouvoir plus
s'occuper assez activement du noviciat.

Toujours simple et pratique, elle se servait dans ses entretiens des expressions et
des comparaisons les plus propres à faire
comprendre sa pensée. Avait-elle remarqué quelques défauts que les postulantes
avaient apportés de leurs pays ? elle leur
disait en récréation : « Quand j'étais dans
ma famille, voici comment je marchais,
comment je me tenais ; » et elle simulait la
marche et le maintien des personnes qu'elle
voulait corriger. « Mais, ajoutait-elle, quand
j'ai été à la communauté, je regardais
sœur Françoise ainsi que nos anciennes
sœurs, et je voyais qu'elles ne marchaient

pas, qu'elles ne se tenaient pas comme moi, et je me disais intérieurement : ma démarche et mon maintien ne sont pas religieux, il faut que je les réforme, et je tâchais d'imiter nos supérieures. Eh bien! mes enfants, c'est ainsi que vous devez faire. » Et elle continuait son application.....

« Aimez-vous la communauté, ses usages, ses coutumes, la règle, en un mot, disait-elle un jour aux novices, aimez-vous les enfants et les malades? Etes-vous disposées à renoncer à votre volonté, à votre manière de voir? Etes-vous prêtes à obéir, à observer la règle tous les jours, du matin au soir, à aller, sans réplique et sans murmure, où la cloche vous appelle et où vos maîtresses vous envoient, à faire ce que vous n'aimez pas? Voulez-vous être exactes à demander vos permissions dans les plus petites choses, et cela non pas pour avoir l'estime de vos maîtresses, mais pour plaire à Dieu qui vous demande ces petits sacrifices? Si vous êtes dans ces dispositions, venez en toute confiance, le bon Dieu vous veut en religion ; sinon, il ne vous appelle pas à le servir en communauté. »

Puis elle entrait dans les détails les plus minutieux en ce qui concerne les différents devoirs de la vie religieuse, surtout en ce qui regarde l'ordre et la modestie :

« Débarrassez-vous de certaines habitudes que vous auriez apportées du monde. Il y a des postulantes qui, accoutumées à commander chez elles, prennent un ton impérieux à l'égard de leurs compagnes ; d'autres se servent d'expressions grossières, ont des manières quelquefois inconvenantes, et, quand on les reprend, sont portées à bouder et à ne point faire de récréation... Que ces chères enfants veillent bien sur elles ; cela ne prouve pas qu'elles n'ont point une véritable vocation, mais elles ont beaucoup d'efforts à faire... Voyez la novice pieuse, régulière, obéissante, dévouée... ; elle est la première partout ; à la chapelle et dans ses exercices, elle prie comme un ange ; à l'étude, en classe, elle s'applique de toutes ses forces ; elle ne fait pas toujours ce qu'elle voudrait, mais elle fait ce qu'elle peut, et le bon Dieu bénit ses efforts. La cloche la trouve toujours prête, soit à reprendre, soit à quitter sa besogne. Ce qu'elle fait est toujours bien fait, parce qu'elle travaille en conscience et pour Dieu. Examinez tout ce qui lui appartient, vous verrez comme tout est en ordre. Jetez un coup d'œil sur ses habits, son bureau, ses livres, son lit, sa corbeille, etc..., comme tout est bien tenu ! Voyez-la encore dans son maintien, dans sa conversation, comme elle est modeste et polie ; le ton de sa voix est convenable, elle ne fera pas de questions déplacées, saluera les personnes qu'elle rencontrera à la maison, et cela sans gêne, d'une bonne façon. Enfin elle observera exactement le silence dans les lieux réguliers et aux moments indiqués par la règle... »

La règle ! c'est surtout quand elle parlait

de cet important sujet que son langage devenait plus imagé et plus entraînant. Ecoutons-la encore un instant :

« On se dit quelquefois : A quoi sert la règle? — A quoi sert la règle? Je vais vous le dire. Supposez que vous ayez à traverser une large rivière sur un pont étroit et très-élevé, si vous vous engagez sur ce pont et que celui-ci manque de parapet, avant que vous n'atteigniez le milieu de la rivière, la tête vous tournera et vous tomberez. Eh bien ! c'est ce que fait la personne qui veut être religieuse sans suivre la règle. La vie religieuse, qui doit être une vie de perfection, est bien plus élevée que la vie chrétienne ordinaire; or il est impossible de la tenir et d'arriver à l'autre bord, c'est-à-dire au Ciel, si l'on n'a pas à ses côtés des étais qui nous empêchent de tomber, et ces étais ou parapets ne sont autre chose que la règle. — Si au contraire le pont dont je vous parle est muni de barrières qui vous protégent à droite et à gauche, vous arriverez infailliblement à la rive opposée. En d'autres termes : si vous vous appuyez sur la règle, quelque grande que soit la perfection à laquelle Dieu vous appelle, et quelque pénibles que soient les sacrifices et les renoncements qu'il vous impose, vous arriverez à la gloire. Vous voyez maintenant à quoi sert la règle. » Voilà d'après des notes qui nous ont été communiquées quelques extraits des entretiens que la Mère Joseph faisait au noviciat. On y remarque toujours cet esprit simple et judicieux qui ne cherche point à briller, mais qui veut uniquement faire du bien. Des instructions inspirées par un pareil sentiment ne peuvent manquer de réussir, parce qu'elles ont pour les féconder la bénédiction divine.

La parole de la Mère Joseph avait, même dans ses conversations, ce ton à la fois modeste, grave et convaincu auquel on résiste difficilement. Un jour la mère d'une novice était venue avec un de ses parents

pour retirer sa fille qui, par suite de circonstances graves et imprévues, devenait,
sinon nécessaire, du moins très-utile à sa
famille. Ils exposèrent à sœur Joseph les
raisons qui les avaient déterminés à prendre ce parti. La supérieure les écouta
attentivement, puis, s'adressant à la mère :
« Je ne savais pas, Madame, dit-elle, que
vous aviez donné votre fille au bon Dieu
sous condition. Je pensais, vous connaissant comme je vous connais, que vous
aviez fait votre sacrifice tout entier. »
Sœur Joseph, voyant aux larmes qui tom-
bèrent des yeux de la mère, qu'elle avait
gagné sa cause, ajouta avec cette douce
autorité qui s'impose : « Vous garderez
votre fille huit jours avec vous, puis vous
nous la ramènerez, n'est-ce pas? Nous
devons lui donner l'habit religieux dans
quelques mois à peine. — Ma chère Mère,
reprit la pauvre femme qui avait retrouvé
l'énergie de sa foi, elle sera ici dans quatre
jours. » Et elle tint parole. L'oncle de la

novice, qui avait été témoin de cet entretien, ne put s'empêcher de dire en sortant : « Cette supérieure-là est une sainte. »

Sœur Joseph, malgré sa bonté, recommandait souvent à la maîtresse des novices de veiller de tout son pouvoir à ce que la règle soit bien observée et le bon esprit maintenu. « Si on laisse faire aux novices ce qu'elles veulent, disait-elle, comment deviendront-elles des religieuses obéissantes?... »

Il lui est arrivé plusieurs fois de punir très-sévèrement des novices qui s'étaient rendues coupables de graves infractions à la règle; c'est ainsi que pour une désobéissance publique, elle obligea une d'entre elles à aller mendier son dîner et son souper en plein réfectoire auprès de toutes les sœurs.

Tant que les novices restent à la maison, elles n'inspirent aucune inquiétude; il est difficile en effet de pécher gravement lorsqu'on est entouré de tant de soins, et celles qui tomberaient souvent dans des fautes notables feraient preuve d'une vertu peu solide. Mais il en est autrement quand, revêtues de l'habit religieux, elles s'en vont par le monde exercer leur ministère de dévouement et de charité. Elles rencontrent des dangers partout; leur vertu même est souvent pour elles un écueil. Sœur Joseph le savait mieux que tout autre, elle qui avait tant souffert dans les premières années de sa vie religieuse et qui, depuis qu'elle occupait le poste redoutable de supérieure générale, avait trouvé tant de plaies à panser et de blessures à guérir. Voilà pourquoi, si les jours de prise d'habit étaient pour elle des jours de joie, parce qu'ils donnaient de nouveaux membres à sa famille bien-aimée, ils jetaient aussi dans son âme certaines craintes. « Ces enfants me paraissent bien disposées, disait-elle, mais le seront-elles aussi bien dans quelques années? A quels dangers vont-elles être exposées? Dieu seul le sait et lui seul peut leur donner la grâce de la victoire. »

Dans les retraites qui précédaient les prises d'habit, elle parlait avec plus d'abandon encore aux novices qui devaient en faire partie. « Je ne doute pas, disait-elle dans une de ces retraites, que depuis longtemps déjà vous ne travailliez à vous affermir dans la vocation que vous allez embrasser; on ne vous a pas laissé ignorer les devoirs que vous aurez à remplir. Je sais que vous aimez la communauté et tout ce qui s'y fait; eh bien! il faudra désormais que dans quelques établissements dépendant de la maison-mère, vous ayez la même affection pour votre congrégation et pour tous vos devoirs. Même au milieu du monde, vous aimerez la solitude, le recucillement et le silence... Vous aurez pour représentants de Dieu auprès de vous votre pasteur et votre économe : soyez respectueuses et soumises à leur égard. Vous savez que vous êtes loin d'être parfaites, conséquemment on aura à vous reprendre souvent : recevez avec reconnaissance les avis et les observations qu'on vous fera. Gardez-vous surtout d'être susceptibles, boudeuses ou dissimulées. On n'ose pas reprendre une boudeuse parce qu'on craint qu'elle ne parle plus pendant plusieurs jours, et on ne peut corriger une dissimulée parce qu'on ne la connaît pas. On est bien malheureux quand on ne peut pas être corrigé ! »

La digne supérieure entrait également dans les détails d'un ménage et d'une classe et, comme on savait que ses paroles étaient dictées par l'expérience et l'affection, on les écoutait avec respect et on se promettait bien de les mettre en pratique. Et quand, malgré sa bonne volonté, on était tombée dans quelques fautes, on venait retrouver le cœur de la Mère pour se les faire pardonner.

Sœur Joseph encourageait les études et recommandait instamment aux maîtresses de ne pas distraire les novices de leurs classes. Depuis quelques temps on se demandait s'il ne serait pas à propos de permettre aux religieuses de la Providence de se présenter devant la commission départementale pour recevoir leur brevet de capacité; des personnes respectables en avaient même plusieurs fois manifesté le désir en s'appuyant sur des raisons sérieuses : « Un certain nombre de communes voulaient bien avoir des religieuses pour institutrices, mais à condition qu'elles auraient leur brevet; or si on n'a pas de religieuses brevetées, on sera obligé d'abandonner ces établissements à des institutrices laïques. — Puis, pour dénigrer les maisons religieuses et faire suspecter leur enseignement, de mauvaises langues publient partout leur ignorance, alléguant pour motif que pas un de leurs membres n'ose affronter les épreuves d'un examen. Ce sont des préjugés répandus

par la calomnie, mais n'est-il pas bon
de les faire tomber en prouvant que les
religieuses peuvent subir victorieuse-
ment ces épreuves? — D'ailleurs pourquoi ne pas se présenter aux populations, avec la double influence de la
science et de la sainteté? Et, qu'on ne l'oublie pas, dans ce siècle frivole, où l'on
ne juge trop souvent hélas! que par les
apparences, il ne suffit pas toujours d'être
savant et vertueux pour faire le bien, mais
il faut encore le paraître... » Ces motifs, comme on le voit, ne manquaient
pas de valeur. Cependant la bonne Mère
qui aimait tant la simplicité et craignait
tant le bruit avait toujours résisté; lorsque
quatre ans avant sa mort, déterminée par
des considérations qui avaient de plus en
plus de poids, et encouragée par l'exemple de plusieurs communautés religieuses,
elle céda enfin et consentit à ce que de jeunes novices se présentassent devant la
commission d'examen. On réussit et cha-

que année on présente, avec non moins de succès, de nouveaux sujets, de sorte qu'aujourd'hui plus de quarante religieuses de la Providence de Langres peuvent prouver une fois de plus aux libres-penseurs, en leur montrant leurs brevets de capacité, que les lettres d'obédience ne sont pas toujours des certificats d'ignorance, et que l'habit religieux, emblème du dévouement et du sacrifice, n'exclut pas la science.

La communauté n'a pas eu à souffrir de cette innovation et les prévisions pessimistes de ceux qui déconseillaient la mesure ne se sont pas réalisées. Une personne qui est véritablement appelée à la vie religieuse, au lieu de s'enorgueillir d'un pauvre brevet péniblement acheté, est heureuse de pouvoir, à l'aide d'un si faible moyen, procurer un peu plus de gloire à Dieu.

CHAPITRE VI

**Rapports de sœur Joseph avec les
divers établissements. — Les
avis qu'elle donne aux économes, — aux
sœurs des malades et aux sœurs
de classes.**

La congrégation renferme près de deux
cents établissements fondés dans plusieurs
diocèses, principalement dans ceux de
Langres et de Dijon. La supérieure, on le
conçoit, est l'âme de toute la congrégation; elle doit être moralement présente
partout; un établissement soustrait à son
action, après avoir langui un certain
temps, finirait par mourir. Il lui importe
donc de resserrer les liens qui unissent
les maisons particulières à la maison de

Langres et de bien dégager toutes les voies qui mettent en communication la Mère avec les filles. Un des grands moyens pour la Mère Joseph de correspondre avec toutes ses sœurs, c'étaient, après la visite des établissements, les retraites générales... Elle ne négligeait rien pour procurer aux religieuses une retraite tous les ans. Il fallait voir avec quelle sollicitude elle invitait ses filles à venir reposer à l'ombre du sanctuaire leurs âmes fatiguées, avec quelle tendresse elle ouvrait à toutes ses bras et son cœur, et avec quel zèle elle leur communiquait cet esprit religieux qui était sa nourriture et sa vie. C'est dans les retraites qu'elle donnait ces avis généraux qui portent juste sans blesser personne. Mais on doit dire aussi que les sœurs recevaient ses conseils avec docilité et écoutaient ses paroles avec une religieuse attention. Elles n'auraient pas perdu pour tout au monde un entretien de la Mère Joseph. Elle parlait avec tant de conviction et d'à-propos! Exposons quelques-unes de ses pensées.

La bonne Mère savait que ce qui fait la force et l'honneur d'une congrégation, ce n'est ni le nombre ni la richesse des établissements, ni même la capacité des sujets, mais l'obéissance, l'humilité et le bon esprit de ses membres : voilà pourquoi elle rappelle souvent aux religieuses le but et l'esprit de leur Institut.

« La congrégation des sœurs de la Providence, dit-elle dans une retraite, a pour but de procurer la plus grande gloire de Dieu, 1° par la sanctification des sœurs qui composent l'Institut; 2° par l'éducation chrétienne et l'instruction des jeunes filles; 3° par les soins qu'elles donnent aux malades. — L'esprit de la congrégation est un esprit de simplicité, de pauvreté, de charité et d'abandon à la divine Providence. « Voilà, disait M. Leclerc aux pre-
« mières religieuses, voilà les quatre colon-
« nes qui soutiennent l'édifice... Tant que

« vous pratiquerez ces vertus, vous subsis-
« terez, et si vous les abandonnez, vous
« tomberez... »

« Les sœurs se pénètreront bien de
cette idée, que leur humble congrégation n'existe que pour travailler à étendre
la gloire de Dieu, par conséquent, elles
dirigeront vers ce but toutes les pensées
de leur esprit et les affections de leur cœur,
aussi bien que toutes leurs actions et toutes leurs entreprises. — Elles apprendront
aux enfants qui leur seront confiées et
aux malades qui recevront leurs soins, à
connaître, à aimer et à servir Dieu, donnant elles-mêmes l'exemple de toutes les
vertus, particulièrement d'une entière fidélité à leur règle ; car celui qui est méchant
pour lui-même, ne saurait être bon pour
les autres. »

Chaque maison particulière est dirigée
par une supérieure qui, avec le titre d'économe, a sous sa dépendance les sœurs de
classes et celles qui soignent les malades.

Dans les petits établissements, l'économe elle-même est chargée d'une classe ou de la visite des malades. Sœur Joseph doit donc parler à ces sortes de personnes. Elle le fait avec autant de tact que de liberté.

ÉCONOME.

L'économe est chargée, disons-nous, du gouvernement de la maison, elle a la responsabilité de ce qui s'y passe, c'est elle qui correspond avec la maison-mère. — Par conséquent, le choix d'une économe est très-important : « Il faut chercher dans une économe, disait sœur Joseph, du jugement, de la prudence, des manières polies et graves, un grand empire sur ses passions, une exacte observance de la discipline, une force généreuse dans le service de Dieu et une charité compatissante pour le prochain. — Il y a des personnes qui ont du talent, de grandes qualités naturelles et surnaturelles et qui ne sauraient gouverner. — L'économe doit être pour ses sœurs une mère.

La plupart de nos jeunes sœurs, continuait la bonne Mère, parlant toujours aux économes, sont encore des enfants; leur noviciat est seulement commencé, c'est à vous, nos chères sœurs économes, à le continuer. Si vous comprenez bien votre mission, vous rendez un grand service à la communauté et aux supérieurs, mais pour cela, il vous faut une appréciation juste avec une certaine largeur de vue, de la patience et de la charité. — Montrez à vos jeunes sœurs l'exemple de la régularité, de l'ordre, de l'obéissance à la règle et de la pratique de toutes les vertus religieuses; soyez polies à leur égard, recevez avec bonté l'aveu qu'elles vous font de leurs petits manquements, répondez-leur avec douceur, en vous humiliant vous-mêmes et que la paix soit faite sans qu'on ne revienne plus jamais sur le passé. Si vous voulez que les représentations que vous aurez à faire à votre jeune sœur fassent impression sur son esprit et sur son cœur, il faut que cette pauvre enfant sans expérience trouve en vous une mère; quand elle aura remarqué que son économe est bonne et qu'elle lui porte un véritable intérêt, elle l'aimera, puis elle aimera la règle et ses devoirs, et la paix règnera chez vous. — Il y a quelques jeunes sœurs, il faut l'avouer, qui manquent de jugement et de rectitude d'esprit; devez-vous les brusquer? Non, elles doivent au contraire exciter votre charité et votre compassion; supportez-les donc patiemment, prenez-les par le sentiment puisque le raisonnement n'a pas de prise sur elles et tirez-en le parti que vous pourrez. Ne vous fâchez pas, c'est peine inutile, vous connaissez le proverbe : « On ne saurait « faire sortir du sang d'une pierre... » En même temps, surveillez-les pour qu'elles ne se compromettent pas par leur manque de jugement.

« Quelquefois les jeunes sœurs sont portées à l'ennui; faites votre possible pour les distraire un peu, emmenez-les de temps en temps voir les malades, prenez vos récréations avec elles, ne les laissez jamais dans un isolement qui ne peut leur faire que du mal. — Quand une jeune sœur n'a pas suivi vos recommandations, devez-vous la gronder, l'humilier devant les enfants ou d'autres personnes? Gardez-vous en bien, faites-lui voir la faute qu'elle a faite, mais quand elle est seule. — Une jeune économe doit se rappeler qu'elle n'a pas l'expérience d'une ancienne, par conséquent, qu'elle veille sur elle pour ne pas se montrer trop exigeante envers sa compagne, soit pour la règle, soit pour le travail. On voit quelquefois des économes qui exigent de leurs compagnes des choses qu'elles ne font pas elles-mêmes. — Laissez-moi vous dire aussi que vous vous donnez bien trop de besogne en prenant des demi-pensionnaires : vous ne trouvez souvent pas le temps de penser ni à votre corps ni à votre âme...

« Les économes se rappelleront qu'elles doivent en conscience rendre compte aux supérieurs de la maison qu'elles dirigent… Par conséquent, tous les trois mois au moins, elles feront, soit par écrit, soit de vive voix, un rapport détaillé de l'état de leur maison, tant pour le spirituel que pour le temporel… Elles n'oublieront pas de dire si la règle y est en vigueur, si la paix y règne, si chacune s'acquitte de ses devoirs. — Il ne faut pas supposer l'intention des supérieurs soit pour un voyage, soit pour un achat ou un échange quelconque. — Si une sœur se trouve exposée ou si elle a fait quelques écarts, c'est un devoir rigoureux pour celles qui le savent d'en avertir les supérieurs. — Envoyez le moins possible vos jeunes sœurs faire des commissions au dehors, il y a toujours en cela de grands inconvénients. — Si vous avez plusieurs sœurs dans votre maison, gardez-vous d'avoir de la préférence ; toutes n'ont peut-être pas en vous la même confiance, mais vous savez que la confiance ne se commande pas, elle se gagne. Ce n'est qu'à force de bonté et de charité, mais bonté sans faiblesse, qu'on se fait aimer et qu'on acquiert la confiance.

« Vous n'avez pas à demander à votre jeune sœur pourquoi elle ne fait pas la sainte communion. En le faisant, vous vous engageriez sur un terrain qui n'est pas le vôtre. »

Après avoir parlé aux économes, la bonne Mère s'adressait aux jeunes sœurs. — « La jeune sœur, disait-elle, doit demander toutes ses permissions avec respect et simplicité ; et à son tour l'économe, soit qu'elle accorde, soit qu'elle refuse, doit toujours le faire de bonne grâce. — La jeune sœur sera prévenante envers son économe, ne sortira point de la maison sans permission, ne fera aucune connaissance dans la localité. — Elle priera son économe de lui aider à bien accomplir ses devoirs religieux et autres, elle prendra

son avis pour tout, se rappelant que l'économe a l'expérience et la pratique, que ne
remplace rien, pas même la science. — Si
elle trouve son économe trop sévère,
qu'elle sache bien que c'est dans son propre
intérêt et que l'économe est responsable
des personnes de sa maison. — Allons,
chères enfants, disait-elle en terminant,
soyez bonnes, dociles ; aimez vos économes,
qui ne veulent que votre bien, soyez préve-
nantes pour elles et pleines de déférence
pour tout ce qui vous sera commandé. —
Soyez franches, simples, ouvertes, et le
bon Dieu bénira vos heureuses dispositions. »

SŒURS DES MALADES.

La visite des malades est aussi une
fonction bien importante et bien délicate.
Il faut, tout en soignant le corps, ne pas
négliger l'âme ; nous avons vu comment et
avec quel succès sœur Joseph s'acquittait
à Poissons de cette charge si difficile ; elle

pouvait donc donner en cette matière des leçons marquées au coin de l'expérience.

« Les sœurs, disait-elle, qui visiteront les malades ne se permettront jamais de prescrire des remèdes, mais elles se borneront à indiquer certaines mesures de précaution, en attendant qu'on ait consulté le médecin, et se contenteront de faire exécuter ce qu'il aura prescrit. — Les classes ne doivent pas souffrir de la visite des malades, pas plus que les exercices de piété. — Si elles sont obligées de voir les malades la nuit, elles se feront accompagner, surtout les jeunes sœurs, et elles seront toujours très-prudentes dans ce genre de bonnes œuvres. — Que les visites des malades ne se prolongent pas au-delà du temps voulu par la nécessité et qu'on ne perde pas le temps dans les rues à apprendre des nouvelles : ce n'est pas votre place. — Le jeudi et le dimanche, ainsi que pendant les vacances, je vous recommande d'aller ensemble visiter vos malades... »

SŒURS DE CLASSES.

Il n'y a rien de grand comme la mission de l'instituteur, c'est à lui que la société confie ce qu'elle a de plus précieux : l'enfance. Rien également n'est plus touchant que de voir l'instituteur chrétien dans l'exercice de ses fonctions. A peine la raison a-t-elle jeté dans l'âme de l'enfant ses premières lueurs, qu'on le conduit en classe ; que fait l'instituteur? Il s'empare de cette jeune intelligence pour l'éclairer et lui inculquer à force de temps et d'efforts les premières notions de la science et les premiers éléments de notre sainte religion. Et pour cela, voyez comme il se rapetisse et s'abaisse, comme il se proportionne à la taille de l'enfant, comme il emploie le langage le plus familier et les termes les plus simples pour lui faire comprendre des vérités parfois bien élevées. Et quand l'enfant, par le feu de son regard et l'épanouissement de son visage, montre

qu'il a compris, le maître, qui est instituteur par vocation et non par intérêt, se
trouve suffisamment récompensé.

La fonction de l'institutrice n'est ni moins
importante, ni moins délicate que celle de
l'instituteur. Personne ne méconnaît l'influence de la mère sur ses enfants ; c'est elle
à peu près seule qui en a soin dans leur jeune
âge, qui leur apprend à balbutier les premiers mots de prière et qui dépose dans
leurs âmes les notions de nos grandes
vérités chrétiennes ; c'est elle aussi qui
doit entretenir dans sa maison l'ordre
et la bonne tenue. Or c'est à l'institutrice qu'incombe la charge d'élever les
jeunes filles qui doivent devenir elles-
mêmes plus tard de bonnes mères et de
vertueuses épouses. Elle devra donc orner
le cœur de ses élèves de toutes les vertus
que loue l'Esprit-Saint, en traçant le
tableau de la femme forte. En même temps
qu'elle formera leurs *mains au travail de
la laine et du lin, et leurs doigts au manie-*

ment du fuseau, l'institutrice chrétienne mettra dans leur bouche les *paroles de la sagesse et déposera la loi de la clémence sur leurs lèvres.....* Sœur Joseph a compris l'importance de ces fonctions et elle ne néglige rien pour que les sœurs de classes s'en acquittent dignement.

« Les sœurs de classes se rappelleront, dit-elle, qu'elles doivent avant tout former le cœur de leurs enfants à la piété. — Au nom déjà si beau d'institutrices, elles joignent le nom mille fois plus beau encore de religieuses. — Elles s'assureront si leurs enfants font régulièrement leurs prières et assistent aux offices les dimanches et les fêtes, et pour qu'elles en tirent plus de fruit, elles leur expliqueront le mystère de la fête que l'on célèbre et leur apprendront à se servir de leurs paroissiens et particulièrement à suivre l'ordinaire de la Messe. Elles leur inspireront un grand respect pour le lieu saint et veilleront à ce qu'elles s'y tiennent toujours attentives et recueillies. — Comme l'amour des futilités et des vanités est l'ennemi de la piété, elles leur en inculqueront un profond dégoût, et autant elles tiendront à ce que leurs enfants aiment l'ordre et la propreté, autant elles leur inspireront l'éloignement pour le luxe et la vanité, et leur enseigneront la simplicité. — Seulement, ce qu'on enseigne aux autres, il faut le pratiquer soi-même, sans cela on échouerait dans ses recommandations : l'exemple est plus fort que la parole. — Polies à l'égard de tout le monde, les enfants doivent être respectueuses envers leurs parents, les prêtres et les religieuses. — Il faut à la maîtresse une grande vigilance pour que les enfants soient toujours convenables en classe et n'y prennent pas de mauvaises habitudes.

« La sœur de classe doit se trouver à l'arrivée des enfants, commencer la classe à l'heure et la finir à l'heure, sans en prolonger la durée ; si le temps a été bien employé, les devoirs bien dirigés, la classe aura été assez longue. — Pour arriver à bien tenir une classe, il faut que la sœur soit tout à sa besogne, sans s'occuper d'autre chose; qu'elle exige le silence, en ayant soin de le garder elle-même, et surtout que la classe soit bien préparée; une leçon, un devoir bien préparés sont toujours profitables, aussi les sœurs de classes mettront-elles à profit leur temps libre pour travailler à leur instruction... »

Afin de rendre ces recommandations plus efficaces, la bonne Mère avait exigé, dans une retraite, que les jeunes sœurs présentassent des devoirs ou subissent un examen pendant les vacances. — Cet usage un instant interrompu a été remis en vigueur dans ces dernières années. On n'a fait du reste qu'imiter l'Eglise qui, dans plusieurs conciles provinciaux, notamment dans celui de Lyon, prescrit aux jeunes prêtres de passer un examen sur les différents traités de Théologie pendant

les cinq années qui suivent leur ordina-
tion. — Ce moyen appliqué sérieusement
aux jeunes sœurs, ne peut que produire
d'excellents résultats.

« Il y a des sœurs, continue la bonne
Mère, qui parlent beaucoup trop, une
maîtresse qui parle continuellement se
fatigue sans profit et fatigue ses élèves,
parce que leur esprit n'est fixé sur rien. —
Elles n'oublieront pas les travaux à l'aiguille, et surtout ceux qui conviennent le
mieux à la condition de leurs élèves. —
Elles n'introduiront dans leurs classes
aucune méthode nouvelle, quelque recom-
mandée qu'elle soit, sans en avoir référé
aux supérieurs. — Elles maintiendront
leurs élèves par une fermeté mêlée de
douceur, et une parfaite égalité d'humeur.
Toujours juste, prudente, pieuse, la sœur
de classe témoignera beaucoup d'intérêt à
toutes ses élèves sans préférence ; elle ne
multipliera pas les punitions, et se gardera bien d'en infliger aucune dans un

moment d'impatience. — Il est à souhaiter qu'elle les conduise par le raisonnement et les encouragements plutôt que par la crainte.

CHAPITRE VII

Relations des sœurs avec MM. les curés. — Santé des sœurs. — Vœux de religion.

Il est certains points sur lesquels la Mère Joseph insistait davantage à cause de leur importance. Nous allons sur ces différents sujets indiquer la pensée et, autant que possible, citer les paroles de la bonne Mère.

Notons en premier lieu les avis qu'elle donne à ses sœurs sur leurs rapports avec MM. les curés.

Les sœurs par leur état et leurs occupations ont des relations nécessaires avec MM. les curés. — Obligée de tendre à la perfection', faible par nature et souvent sans expérience, la religieuse doit chercher dans les avis de son confesseur ordinaire, qui est son curé, la force et la lumière nécessaire pour accomplir les conseils évangéliques. — D'autre part, travaillant sur un terrain commun, qui est l'école et le chevet des malades, le curé et la sœur doivent réunir leurs efforts pour former l'âme des enfants et pour préparer les pauvres malades au terrible passage. — Mais par là même qu'on exerce son zèle sur un même objet, on conçoit qu'il puisse exister quelques chocs et quelques difficultés. C'est pour les prévenir que la bonne Mère recommandait à ses sœurs un grand respect et une grande déférence pour MM. les ecclésiastiques et aussi une grande prudence dans leurs relations.

« Les sœurs, disait-elle, feront une visite à M. le curé à leur arrivée dans une paroisse, et n'en feront que rarement dans le cours de l'année; elles se garderont bien de prendre des repas chez lui, pas plus que chez d'autres. — Elles suivront ses avis en tout ce qui n'est pas contraire à leur règle. — Pleines de respect pour le caractère sacerdotal, elles ne se permettront jamais de juger, de blâmer, de critiquer MM. les curés. Si quelqu'un ose le faire en leur présence, elles auront soin d'imposer silence aux médisants. — Pour s'éviter bien des ennuis, elles ne prendront aucune part aux difficultés que leur pasteur peut avoir avec ses paroissiens, et même avec les supérieurs de la communauté. — Si on leur en parle dans la paroisse, elles feront remarquer qu'il ne leur convient nullement de juger la conduite des autres, surtout celle de leur curé.

« Elles se rappelleront que l'admission des enfants à la première communion ne regarde pas les sœurs, c'est au pasteur seul à juger si telle enfant est digne d'être admise à la table sainte. — Elles ne prendront jamais parti pour certains parents mécontents, et elles ne se feront pas les échos de leurs plaintes. — Si cependant pour de bonnes raisons elles croyaient que M. le curé est induit en erreur sur le compte de quelque enfant elles pourront lui exposer respectueusement leurs observations, et se soumettront à sa décision, quelle qu'elle soit. — Les sœurs peuvent être portées à entretenir des relations avec leurs anciens pasteurs, il peut y avoir avantage quelquefois, mais souvent il y aurait abus; aussi la prudente supérieure leur défend-elle de correspondre, sans une permission spéciale, avec leurs anciens curés ou directeurs, ajoutant que c'est à leurs pasteurs actuels et aux supérieurs de la communauté qu'elles doivent confier la conduite de leurs âmes parce qu'ils ont grâce d'état pour les diriger. — « Elles ne parleront jamais de leurs confessions ni de leurs confesseurs. — Qu'au saint Tribunal elles déclarent leurs fautes avec simplicité, sincérité et discrétion, sans mêler à la confession des détails inutiles. — Les confessions trop longues sont souvent un aliment pour l'amour propre et une recherche de soi-même. Elles font perdre le temps au confesseur, souvent sans profit pour le pénitent. » — On ne peut, dans cette matière si délicate, parler avec plus de prudence et de sagesse.

La Mère Joseph n'oubliait pas dans ses avis les plus importants les soins à donner à la santé de ses sœurs. — Notre-Seigneur dit un jour à ceux qui l'entouraient : « *Ne soyez point inquiets pour votre vie de ce que vous aurez à manger, ni pour votre corps de quoi vous le vêtirez.* » La raison c'est que notre Père céleste qui donne la nourriture aux oiseaux et aux lys leur éblouissante blancheur, ne saurait nous laisser dans le besoin.

Les religieuses, par leurs vœux d'obéissance et de pauvreté, observent à la lettre la recommandation du Sauveur ; elles se remettent tout entières, corps et âme, entre les mains de leur supérieure pour n'avoir à s'occuper ni de la nourriture ni du vêtement ; la santé des religieuses devient conséquemment pour la Communauté un patrimoine sacré qui demande des soins sages et intelligents. La supérieure est donc constituée auprès de ses sœurs, même quand il s'agit de l'entretien de leur corps, l'organe et l'instrument de la Providence divine ; elle est obligée de soutenir par un exercice modéré et un régime fortifiant la voix qui instruit les enfants et la main qui soigne les malades. Elle doit surtout faire comprendre cette obligation aux supérieures des maisons particulières qui, par négligence ou par raison d'une économie mal entendue, seraient tentées de compromettre leur santé et celle de leurs compagnes. La Mère Joseph ne manque pas à ce devoir : « Je vous recommande tout particulièrement, dit-elle aux économes, la santé de vos jeunes sœurs; voyez si elles ne se gênent pas pour la nourriture, donnez-leur tout ce qui leur est nécessaire; ne leur laissez point faire d'imprudence. Quand on est jeune, souvent on n'est pas hardi et on ne doute de rien; en un mot, soignez vos compagnes comme une mère doit soigner ses enfants. » — Puis parlant pour les sœurs de classes, qui sont généralement les plus épuisées : « Les sœurs de classes, continue-t-elle, doivent s'adonner tout entières à leur besogne; mais nous leur recommandons, pour soutenir les fatigues d'une classe laborieuse, d'avoir un soin raisonnable de leur santé. Que jamais le matin elles n'entrent en classe sans avoir pris quelque chose de chaud, même les jours de jeûne; qu'elles prennent, non la nourriture qui leur plaît, mais celle qui convient le mieux à leur santé; quelles que soient leurs occupations, leur repos et leurs repas ne doivent jamais en souffrir.

Elle revient souvent sur cet important sujet, et dans une circulaire en date du 2 novembre 1849, elle s'exprime ainsi :

« Vous savez, mes bonnes sœurs, que dous tenons à ce que vous preniez toutes une nourriture simple, mais solide et salutaire, quelque chose de chaud le matin avant de vous livrer au travail. Faites en sorte d'avoir du pain frais et bien cuit. — Dans les maisons particulières, la nourriture doit être aussi substantielle qu'à la maison-mère. — Tâchez d'être fidèles à ces recommandations afin de soutenir votre santé, qui doit être employée à la gloire de Dieu. » Inutile de dire que la mère Joseph ne négligeait aucun moyen ni ne reculait devant aucun sacrifice pour soigner convenablement les sœurs malades et leur procurer, si possible, une prompte guérison.

Quelquefois emportées par un zèle qui n'est pas selon la science, des religieuses désirent se livrer à certaines pratiques de mortifications extraordinaires, ce qui sort du commun a tant d'attraits! La bonne Mère défend de faire aucune pénitence corporelle sans la permission des supérieurs. « La grande mortification des sœurs, dit-elle, consiste dans leur fidélité à observer leurs saintes constitutions et à s'acquitter dignement des fonctions qu'elles ont à remplir. — En supportant les défauts de ses compagnes, et en évitant soigneusement toute médisance, toute parole piquante, tout jugement téméraire, on ne ruine pas sa santé et on acquiert beaucoup de mérites. »

S'il est des sœurs qui ne s'occupent pas assez de leur corps, il s'en rencontre aussi qui sont portées à le traiter avec trop de mollesse. Le corps, comme l'argent, est un bon serviteur, mais un mauvais maître, *si nous lui donnons une nourriture trop délicate, il se révoltera, et la sagesse n'habitera pas en nous.* J'ai connu un bon vieillard qui prit pour la première fois du

café à soixante-six ans; ce qui ne l'empê-
cha pas de travailler beaucoup, d'élever
chrétiennement une nombreuse famille et
d'atteindre l'âge déjà respectable de quatre-
vingt-sept ans.

Aujourd'hui, dès leur bas-âge, les enfants sont initiés à tous les raffinements
d'une civilisation délétère, sans en devenir
plus sages ni mieux portants, et plus d'une
famille a perdu, par le luxe et la bonne
chère, sa fortune et son honneur. Or les
religieuses savent que ce ne sont point les
usages du monde, mais les conseils de
l'Evangile qui sont leur règle; elles doivent protester contre la sensualité du
siècle par la frugalité de leur vie, comme
elles condamnent ses folles vanités par la
modestie et la simplicité de leur vêtement.
La Mère Joseph qui vient de recommander
à ses sœurs une nourriture saine et abondante, leur défend tout ce qui n'est réclamé
que par la sensualité et l'amour de ses
aises. — « Rappelez-vous bien, leur dit-

elle, que le café et les liqueurs sont interdits ; s'ils sont nécessaires à votre santé, demandez permission d'en prendre, en vous souvenant toutefois qu'on laisse à votre conscience l'appréciation de la nécessité et la responsabilité de la permission accordée... Le démon de la paresse peut aussi vous inspirer la pensée de prolonger votre repos le matin ; ne l'écoutez pas. Vos journées sont tellement remplies que vous ne pouvez en retrancher une heure sans que quelqu'un de vos devoirs en souffre. — Si votre santé demande que l'heure de votre lever soit un peu retardée, prévenez-en les supérieurs, surtout si cela doit durer un certain temps. »

Comme une des causes de cette mollesse de caractère et de cette tiédeur dans les exercices de piété qu'on rencontre assez souvent, la vénérable supérieure signalait les rapports fréquents qu'on a avec sa famille. « Je remarque, disait-elle, que certaines sœurs, au lieu d'avoir pour leurs parents un amour raisonnable et chrétien, leur portent une affection trop tendre et trop sensible, demandant à les voir trop souvent sans nécessité et surtout se mêlant trop à leur vie. Qu'arrive-t-il de là? C'est que ces religieuses, plus occupées des affaires de leurs familles que de celles de leurs maisons ou de leurs classes, négligent leurs devoirs et laissent tout en souffrance. Par ces visites multipliées, elles perdent peu à peu l'esprit religieux, prennent le goût du monde et bientôt ne peuvent plus vivre sans leurs parents. »

Ces réflexions très sages sont basées sur la connaissance de la nature humaine. A force de fréquenter les personnes à qui l'on est attaché par les liens du sang, la nature se réveille et reprend vite ses droits. On pourrait citer telle religieuse qui a perdu sa vocation pour avoir eu des relations trop multipliées avec sa famille. Du reste Notre-Seigneur n'a-t-il pas dit : *Nul ne peut servir deux maîtres?* — La bonne

Mère appuie aussi fortement sur une décision qui a été prise précédemment par les supérieurs : c'est qu'il est absolument défendu aux sœurs des différents établissements de prendre avec elles leurs nièces, qu'elles aient ou non des pensionnaires ; à moins que leur maison ne renferme un pensionnat régulièrement établi. — « Il y a trop d'inconvénients, dit-elle, pour qu'on puisse le permettre ; le moindre de tous, c'est que la tante, tout occupée de sa nièce, néglige ses devoirs. »

Nous arrivons à l'un des sujets les plus importants traités par la Mère Joseph, les vœux de religion.

Trois plaies profondes s'attachent à notre pauvre nature et menacent à chaque instant de nous conduire aux portes de la la mort, ce sont l'amour des richesses, l'amour des plaisirs et l'amour des honneurs ou l'orgueil de la vie. La grande science des chrétiens vulgaires consiste à jouir de ces biens sans tomber dans les piéges qu'ils cachent. Mais des âmes généreuses, éclairées par la lumière divine et mues par le souffle d'en-haut, ont voulu couper le mal à sa racine; elles s'engagent sous peine de péché, en présence de Dieu et de ses anges, à renoncer non-seulement aux richesses et aux plaisirs, mais, ce qui est le dernier degré de la vertu, à leur propre volonté, les unes pour un temps, d'autres à tout jamais. C'est ce qu'on appelle les trois vœux de chasteté, de pauvreté et d'obéissance. Si ces vœux se font dans un ordre religieux approuvé par l'Eglise et que le souverain Pontife le juge ainsi, ils sont solennels, sinon ce sont des vœux simples. Les sœurs de la Providence ne font que des vœux simples et pour la plupart temporaires. Le vénérable M. Leclerc n'avait pas osé leur parler de vœux, il attendait que le temps eut consolidé son œuvre. C'est donc seulement lorsque près de quarante années eurent imprimé leur cachet au front de l'humble

Congrégation que Mgr Parisis y ajouta le sceau des vœux.

La Mère Joseph va nous parler de ce triple lien à la fois si doux et si fort.

« Qu'est-ce que les trois vœux de religion ? disait-elle un jour. Nous ne pouvons mieux les comparer qu'aux trois clous qui ont attaché Notre-Seigneur à la croix... Chaque religieuse vient s'étendre sur la croix du Sauveur... et elle y est attachée par la sainte obéissance, l'aimable pureté et l'humble pauvreté... Que ces clous sont doux ! C'est sur cette croix que le divin Agneau continue d'être immolé dans la personne de ses religieuses jusqu'à la fin des siècles... C'est là que la religieuse reçoit la mort des sens qui la fait vivre de la vie de Jésus-Christ ressuscité. La profession religieuse est donc, comme le baptême et le martyre, la reproduction de la mort et de la vie de Jésus-Christ. »

Disons maintenant quelques mots sur chacun de ces vœux et déterminons bien l'obligation que s'imposent les sœurs de la Providence en les prononçant :

VŒU DE PAUVRETÉ.

La religieuse par le vœu simple de pauvreté s'engage, sous peine de péché, à ne pouvoir disposer en son nom particulier et comme lui étant propre, d'aucun bien, soit meuble, soit immeuble, de quelque qualité que soit ce bien et de quelque manière qu'il ait été acquis. — Il n'est pas de l'essence du vœu de pauvreté qu'on renonce au domaine ou à la nue-propriété de ses biens, il suffit qu'on renonce au droit actuel d'en user et d'en disposer. (1). — Les religieuses professes de la Providence, tout en conservant la nue-propriété de leurs biens patrimoniaux, n'en peuvent disposer sans permission et n'ont aucun droit pas plus de *propriété* que *d'usage*, ni

______

(1) Scavini. *De voto Paupert.*

sur leur propre travail, ni sur les petites économies qu'elles feraient dans leurs établissements. Les sœurs donc qui usent et disposent sans permission de leurs biens patrimoniaux pèchent contre le vœu de pauvreté, et celles qui usent et disposent du fruit de leur travail ou des bénéfices de leurs maisons, pèchent à la fois contre leur vœu et contre la justice. — Même celles qui n'ont pas fait de vœu et qui se mettent dans ce dernier cas pèchent contre la justice, parce qu'en venant en communauté, elles se sont engagées par un contrat tacite à donner à la congrégation le produit de leur travail.

Ces principes posés, écoutons les applications qu'en fait la Mère Joseph : « Les sœurs qui ont fait vœu de pauvreté ne peuvent disposer de rien sans permission, pas plus de leurs revenus que de leur trousseau, pas plus de leurs épargnes que du produit de leurs ouvrages. — Elles ne peuvent ni vendre, ni acheter, ni échanger quoi

que ce soit sans permission. Conséquemment elles ne transporteront rien d'un établissement dans un autre sans y être autorisées et se conformeront à la règle pour ce
qui est du mobilier et du trousseau. Elles
donneront en aumônes ce qu'on leur a permis de donner et pourront faire quelques
cadeaux en reconnaissance de services rendus. Les petits dons qu'elles sont autorisées
à faire par suite d'une permission générale,
consisteront en images, médailles, chapelets, ou autres objets de cette valeur, et encore devront-elles mentionner cette dépense
au moins en bloc dans les comptes de
leurs maisons, lesquels seront rendus avec
fidélité. — Si les sœurs se croient obligées
de faire un don plus considérable, elles en
demanderont la permission, et si c'est une
aumône qu'elles sont moralement tenues
de donner dans un cas grave et urgent,
elles la feront, sauf à prévenir le plus tôt
possible. »

— Ajoutons pour compléter la matière,

que les religieuses peuvent recevoir au nom de la communauté ce qui leur est donné, soit à titre d'aumône soit à titre de don. Les objets de consommation sont considérés comme des aumônes et on se contentera d'en rendre un compte approximatif à la fin de l'année, à moins qu'ils n'aient une valeur assez considérable, par exemple, un sac de blé, un fût de vin, etc., dans ce cas on agirait comme pour les dons. — Les autres objets seront reçus à titre de don, et on devra les faire connaître dans la lettre du mois. — « Les sœurs, continue la supérieure, ne laisseront rien détériorer par leur faute ou par défaut de surveillance, et cette surveillance sera celle d'une personne intelligente et économe. — Si elles soignent le bien de la communauté comme elles soigneraient leur bien propre, leur conscience peut être en sûreté. — Il leur est absolument interdit de faire des ouvrages, utiles ou non, pour des personnes étrangères ou même pour des parents, sans qu'elles y soient autorisées par les supérieurs. Elles ne pourront non plus voyager sans permission. » Et à ce propos la Mère Joseph fait remarquer que les voyages sont beaucoup trop fréquents; outre qu'ils nuisent à l'esprit religieux, ces voyages entrepris sans nécessité et surtout sans permission, sont contraires au vœu de pauvreté.

VŒU DE CHASTETÉ.

Le vœu de chasteté oblige la religieuse à s'abstenir de tout plaisir charnel, soit intérieur soit extérieur. — Et si elle le viole elle pèche à la fois contre la pureté et contre la vertu de religion.

« Par le vœu sublime de chasteté, dit sœur Joseph, une religieuse a l'honneur, en prenant J.-C. pour époux, de consacrer à ce grand Roi sa personne et son cœur avec toutes ses affections. Ce vœu nous rend semblables aux anges ; ce qu'ils sont par nature, nous le devenons par vertu. Mais avec quelle délicatesse il doit être gardé ! C'est par le moyen de nos sens qu'un souffle empoisonné vient quelquefois ternir la pureté de notre âme ; veillez donc, mes chères sœurs, sur votre langue, sur vos oreilles et sur vos yeux. Qu'on ne surprenne jamais sur vos lèvres des paroles libres ou légères ; ne vous entretenez pas même des frivolités du monde, à plus forte raison de ses scandales. » — Les religieuses, en effet, n'ont que faire de ces histoires plus ou moins édifiantes qui sont aujourd'hui le thème de tant de conversations ; *leur conversation, à elles, est dans les cieux.* — Elles ont choisi pour pour époux, un Dieu jaloux qui ne veut pas de cœur partagé, conséquemment, continue la bonne Mère, « vous devez vous interdire toute amitié sensuelle envers la créature, et pour ne pas vous y exposer, vous aurez toujours un maintien grave et réservé, évitant toute familiarité avec qui que ce soit, même avec les personnes pieuses, parce qu'on commence par l'esprit pour finir souvent par la chair. Vous ne chercherez point à amollir votre caractère et celui de vos élèves en leur adressant des paroles trop tendres ou en leur faisant d'imprudentes caresses. Gardez-vous aussi des lectures, non pas seulement mauvaises, mais dangereuses, c'est-à-dire des lectures fades, qui n'apprennent rien, et qui loin de porter au bien empêchent d'accomplir ses devoirs et occasionnent mille distractions dans ses exercices. — Enfin mettez le trésor de votre pureté sous la garde de la modestie et de la simplicité qui doivent être nos vertus favorites. A ce propos, je vous dirai qu'un prêtre voyant un jour passer deux de nos sœurs dit aussitôt : « Voilà bien deux « sœurs de la Providence, mais je n'en « reconnais qu'une pour la fille de M. Le- « clerc, parce qu'il n'y en a qu'une qui soit « simple et modeste. » Et il jugeait bien.

— Ne nous lassons pas de demander à la Reine des Vierges qu'elle nous obtienne la grâce d'être fidèles à notre vœu de chasteté. »

La sainte virginité est en effet pour la religieuse le plus beau fleuron de sa couronne, elle fait sur la terre sa gloire, et au ciel elle lui vaudra l'honneur de suivre l'Agneau partout où il ira. Aussi Jésus réserve-t-il aux vierges ce que l'amour a de plus tendre et de plus délicat. « Il se met en leurs mains dans sa naissance, dit Bossuet, il les pose sur sa poitrine dans la sainte Cène, il ne les oublie pas à sa mort, et les ayant tendrement aimées, il les aime jusqu'à la fin : *In finem dilexit eos.* Une mère vierge, un disciple vierge y reçoivent les dernières preuves de son amitié; et ne voulant pas sortir de ce monde sans les honorer de quelque présent, comme il ne voit rien de plus grand que ce que consacre la virginité, il les laisse mutuellement l'un à l'autre : « Femme, lui dit-il, voilà

« votre fils ; et Fils, voilà votre mère. » — Il n'est pas jusqu'à son sépulcre qu'il veut trouver vierge ; tant il a d'amour pour la virginité (1). » Ces paroles de l'évêque de Meaux sont si belles et donnent une si haute idée de la virginité, que nous n'avons pu résister au plaisir de les citer.

VŒU D'OBÉISSANCE.

Ce que nous admirons le plus dans le monde matériel, c'est l'ordre qui y règne. La nature entière est un merveilleux instrument qui chante une hymne au Très-Haut avec une précision et une régularité parfaites. Or Dieu a voulu que sur la terre des créatures raisonnables reproduisissent volontairement et librement la belle harmonie qu'exécutent chaque jour des êtres inconscients. Ce sont les maisons religieuses qui sont chargées de cette noble

____

(1) Bossuet, 3me discours de profession.

mission. — C'est là en effet, dans ces asiles de la prière, de la pénitence et du travail, que nous voyons, à l'heure marquée par la règle et au signal donné par la cloche, les mêmes mouvements s'exécuter, le même ouvrage se renouveler, les mêmes prières monter vers le ciel. — Quoi de plus ravissant que le spectacle de ces cœurs qui battent à l'unisson et brûlent du même amour? Mais pour arriver à ce bel ensemble, une chose est nécessaire et suffit, c'est l'obéissance. Voilà pourquoi tous les fondateurs d'ordres ont tant insisté sur cette vertu et en ont fait l'essence de la vie religieuse. Voyons un peu comment les religieuses de la Providence doivent comprendre les devoirs que leur impose l'obéissance.

A leur entrée dans la congrégation, les sœurs déposent leur volonté entre les mains des supérieurs qui peuvent en user, en se conformant à la règle, comme bon leur semblera; et ce n'est que sur leur promesse d'obéir aux supérieurs et aux

saintes constitutions qu'elles sont admises
à la communauté. — De sorte qu'une religieuse, même non professe, qui désobéit
n'est point exempte de faute, puisqu'elle
manque à sa parole et brise dans la maison l'ordre qu'elle s'était engagée à y
maintenir. — Elle n'est pas tenue de rester
à la congrégation, mais si elle y demeure,
elle est obligée d'obéir. — Les religieuses
professes s'engagent, sous peine de péché,
à obéir à la supérieure générale en tout ce
que celle-ci commandera selon les règles
et les constitutions de l'institut.

Pour éclaircir ce point, nous ferons
remarquer qu'il y a dans une supérieure de
communauté un double pouvoir : d'abord
celui qu'elle tient de l'autorité ecclésias-
tique comme chef d'une famille religieuse
et qui ressemble au pouvoir paternel ; puis
celui qui résulte du vœu d'obéissance que
les sœurs ont fait entre ses mains. Quand
les religieuses professes méconnaissent le
premier de ces pouvoirs, elles manquent à

la vertu d'obéissance ; si elles oublient le second, elles pèchent contre leur vœu ; il ne faut pas confondre le vœu avec la vertu. — D'où il suit que chaque fois qu'une supérieure donne un ordre, elle n'a pas l'intention d'obliger ses filles en vertu de leur vœu d'obéissance, mais elle commande presque toujours comme directrice de la congrégation. C'est ce qui arrive pour toutes les injonctions des économes dans les maisons particulières. — Les sœurs de la Providence ne pèchent contre le vœu d'obéissance que lorsqu'elles ont enfreint un ordre intimé *au nom de la sainte obéissance*. Les premiers supérieurs l'ont ainsi voulu pour ne pas donner aux religieuses l'occasion de violer trop souvent leur vœu et pour rendre le joug de l'obéissance plus doux.

La mère Joseph entre dans une foule de détails pour expliquer l'obéissance due aux supérieurs. Nous n'en citerons que deux.

Les sœurs sont obligées par leurs fonctions d'entretenir des relations avec le monde ; mais ces relations doivent être rares et prudentes. La supérieure s'élève avec force contre les religieuses qui, par leurs communications fréquentes avec les personnes du dehors, violent la règle et introduisent chez elles l'esprit du siècle. « Pour se permettre ces visites multipliées on se couvre, dit-elle, du vain prétexte de gagner des amis et des bienfaiteurs à la congrégation, et on ne comprend pas que la régularité, la discrétion, l'amour de la retraite produiraient pour la communauté un bien plus réel et plus durable. C'est la pratique des vertus religieuses, bien plus que l'appui des puissants du monde, qui soutiendra notre institut. — D'autres disent qu'elles cherchent par leurs conversations à faire du bien aux âmes. — Illusion plus dangereuse que la première. — Les confidences que vous recevez vous obligent à en faire ; dans vos entretiens intimes où vous parlez de vos peines et des défauts de vos compagnes, vous diminuez chez les séculiers l'estime qu'ils avaient pour la vie religieuse, vous perdez l'esprit religieux et vous finissez par prendre les défauts des personnes que vous vouliez convertir, après avoir perdu les vertus que vous pouviez avoir.

« Vous vous garderez bien aussi d'inviter jamais personne à manger chez vous ni à prendre part à vos récréations. — De même que vous n'irez pas trouver le monde chez lui, de même vous ne l'introduirez pas chez vous. »

Il est un sacrifice qui coûte quelquefois beaucoup aux sœurs, c'est lorsqu'elles sont envoyées d'un établissement dans un autre. Une religieuse est habituée au local, a ses connaissances dans le pays, s'est attachée aux enfants qui sont intelligentes et affectueuses ; elle aime sa compagne et la vie ne semble pas possible si elle en est séparée. Elle ressemble à cet arbre qui a déjà jeté dans le sol de profondes racines, et qu'on ne saurait soulever sans qu'il ne fasse entendre des craquements plaintifs. — Il faut cependant quitter ! « Lorsqu'une sœur, dit la supérieure, recevra la nouvelle de son changement, elle devra se soumettre avec résignation sans manifester de mécontentement; elle ne prendra ni ne laissera prendre aucun moyen d'opposition par son imprudence sur ce point, car sa conduite pourrait avoir des suites fâcheuses. Soyez bien persuadées que les supérieurs n'agissent jamais sans motifs, et si vous avez parfois de grandes peines, les leurs ne sont pas moindres. — Tâchez donc, par votre soumission, d'alléger le fardeau qui pèse sur eux. »

Outre ces avis généraux donnés dans les retraites et rappelés par de nombreuses circulaires, la Mère Joseph, dans ses lettres particulières et surtout dans ses entretiens intimes, distribuait à chacune de ses filles les conseils que réclamaient leurs besoins et leur position. Quand les sœurs avaient le cœur malade, elles demandaient à voir la bonne Mère, et après quelques minutes de conversation elles étaient soulagées ; il n'y avait pas de plaie si profonde qu'elle ne pansât avec succès, pas de découragement si grand qu'elle ne relevât, pas de maladie si invétérée qu'elle ne sût guérir. — « Je suis toujours sortie de chez notre Mère le cœur gai et content, disait une sœur ; quelquefois elle me grondait, et encore assez fort, mais elle savait si bien s'y prendre qu'il m'était impossible d'être blessée, je sentais que c'était une Mère qui me parlait..... » Les sentiments de cette sœur sont les sentiments de toutes les religieuses. Aussi quand elles venaient à Langres pour commission, croyaient-elles avoir manqué leur voyage si elles n'avaient vu la bonne Mère, et dans les retraites, elles auraient cru n'avoir rien fait si elles n'avaient pu lui raconter leurs peines...

Elle écrivait beaucoup et dans toutes ses lettres nous retrouvons la même bonté, le même esprit de Dieu ; nous en citerons deux seulement afin de donner une idée de son esprit de foi et de la délicatesse de ses sentiments. A une sœur qui se plaignait des difficultés qu'elle rencontrait dans l'accomplissement de sa tâche, elle écrivait : « Votre mission est noble, précieuse et digne de Dieu, ma chère enfant, puisqu'elle procure sa gloire, adorez donc ses desseins dans tout ce que vous trouverez de pénible. Puisque vous me regardez comme votre mère, je vous dirai dans l'épanchement de mon cœur ce que je pense. Vous avez été élevée avec soin et nourrie des mets les plus délicieux ; maintenant vous devez donner aux autres les soins qui vous ont été prodigués. Un petit coin de la vigne du Seigneur vous a été confié, vous devez le cultiver soigneusement. Ne craignez rien, vous êtes dans le monde comme les enfants dans la fournaise, ses flammes ne vous toucheront pas. Courage, le bon Dieu vous aime. Les enfants sont difficiles ? C'est vrai, mais c'est précisément pour cela que vous devez travailler avec plus de zèle pour les gagner à Dieu. Il ne faut pas être lion, mais mouton, cependant ferme dans l'occasion. Soyez douce et bonne, en un mot, soyez mère, c'est tout vous dire. Aimez les enfants comme N.-S. les a aimés.

« Voyez toujours la gloire de Dieu dans votre mission et non votre peine, et si chaque jour vous pouvez empêcher un péché et faire produire un acte d'amour de Dieu, vous ne vous plaindrez plus de la stérilité de vos travaux. Les saints ont traversé les mers pour empêcher de commettre le péché. Ainsi, vous le voyez, que de consolations inconnues au milieu de vos peines!... Que Jésus soit votre force et votre tout, et sachez vous passer de tout le reste. »

A une autre elle écrivait ces mots qui

respirent la charité la plus parfaite : « Je vois dans votre âme vos petites vertus et vos petites imperfections, faites croître les premières et arrachez les dernières. Que Dieu vous donne de plus en plus son amour ! Courage et confiance ! Faites de bonnes petites caresses à Jésus, il a soif de votre cœur, il demande votre amour... C'est de croix et de sacrifices que se nourrit celui qui veut être à Dieu, ne vous découragez donc pas, mais pensez plutôt à la récompense qui vous est réservée. Je vous laisse dans le doux Cœur de Jésus, brûlez silencieusement dans cet asile d'amour et de paix. »

On voit par ces quelques lignes comme la bonne Mère savait consoler et encourager ses sœurs.

CHAPITRE VIII

Vertus de sœur Joseph.

Saint Grégoire-le-Grand rappelle à tous ceux qui sont chargés de conduire les autres qu'ils doivent tenir leur vie à la hauteur de leur enseignement. « Celui, dit l'illustre docteur, qui par sa position est obligé de donner de grandes leçons, est par là même obligé de montrer de grandes vertus (1)... » Ces paroles s'appliquent particulièrement aux supérieurs. Le supérieur en effet doit avertir, reprendre et corriger; comment le fera-t-il efficacement si ses

(1) *Qui... loci sui necessitate exigitur summa dicere, hac eadem necessitate compellitur summa monstrare.* (**S. Gr. Mag.** *De Reg. Past.*, p. 11, c. III.)

œuvres démentent ses paroles et si l'on peut chaque jour en appeler de son langage à ses exemples?

Si au contraire, dans une communauté religieuse, la supérieure observe exactement la règle, si on la voit toujours la première aux exercices, et si l'on sait qu'elle ne profite pas de sa position pour se procurer quelque adoucissement, sa parole aura plus d'autorité et ses avis seront mieux écoutés, « car, dit encore le même saint, la voix pénètrera plus facilement au cœur quand elle sera appuyée par la conduite de celui qui parle. La raison c'est que l'ordre exprimé par la bouche trouvera dans les œuvres un aide qui en facilitera l'exécution (1). »

Ces conseils tombés de si haut, la Mère Joseph les a toujours suivis. La vie exem-

____

(1) *Illa namque vox libentius cor penetrat quam dicentis vita commendat, quia quod loquendo imperat, ostendendo adjuvat ut fiat. (Loco citato.)*

plaire qu'elle a menée à Poissons, elle la continue dans sa charge de supérieure, ou plutôt, elle marche de vertu en vertu et s'approche de plus en plus du Dieu qu'elle a choisi pour partage jusqu'à ce qu'elle se repose à jamais dans son sein.

Les vertus que nous voyons surtout briller en sœur Joseph sont une estime profonde pour son saint état et un zèle ardent pour en observer toutes les règles, — une sincère humilité, — une grande fermeté et par-dessus tout un amour incomparable pour son Dieu.

RÉGULARITÉ DE SŒUR JOSEPH.

Sœur Joseph faisait plus de cas de son saint habit que de toutes les couronnes de la terre. « Je ne remercierai jamais assez le bon Dieu, disait-elle, pour la grâce qu'il m'a faite en m'appelant à la vie religieuse, moi si pauvre et si misérable, me voilà élevée à la dignité d'épouse, invitée à suivre

l'Agneau partout où il ira... et à chanter
un cantique que les vierges seules peuvent
chanter! Ah! quand ces pensées se pres-
sent dans mon esprit, je voudrais trouver
quelqu'un pour épancher mon âme et lui
dire les merveilles que Jésus opère dans
ses épouses. » Peut-on donner une idée
plus haute de cette vie angélique que tant
de saints ont chantée avec enthousiasme
et pratiquée avec amour?

A cet amour de la vie religieuse, la Mère
Joseph joignait une constante fidélité à la
règle. Les personnes qui l'ont vue de plus
près n'ont jamais remarqué qu'elle l'ait
violée de propos délibéré... Nous avons du
reste son propre témoignage : « Je n'aurai
pas, disait-elle au Seigneur, la témérité de
me justifier devant vous, ô mon Dieu!
cependant, Seigneur, vous savez que j'ai
toujours voulu faire votre volonté; mon
cœur a toujours été soumis aux règles et
aux statuts de la communauté, mes fautes
sont le fruit de ma faiblesse et me semblent

dignes de votre grande miséricorde ; je
suis confiante, ô mon Dieu, et mon espoir
ne sera pas vain. »

On peut même dire que dans certaines
circonstances la bonne Mère poussait jusqu'à l'héroïsme la fidélité au règlement.
Jamais, malgré ses fatigues, elle ne voulut
d'adoucissement. Dans les dernières années de sa vie surtout, son estomac de plus
en plus paresseux aurait demandé une
nourriture plus légère et la plupart des
nuits passées sans sommeil par suite d'une
mauvaise digestion auraient exigé un peu
plus de repos le matin ; mais la Mère,
malgré de pressantes sollicitations, s'as-
seyait à la table commune et se levait à
l'heure ordinaire. Seulement, afin de pouvoir présider aux exercices pendant la
journée, elle prenait une ou deux pastilles
pour humecter sa gorge et dégager sa
poitrine. Quand on insistait sur l'avantage
qu'il y aurait pour elle et surtout pour la
Communauté à suivre un régime à part,

elle répondait qu'elle le comprenait aussi bien que personne, mais qu'elle y voyait trop d'inconvénients. « Il faut, disait-elle, qu'une supérieure garde exactement la règle et donne en tout l'exemple. »

Nous n'avons pas à enregistrer dans sa vie de supérieure, pas plus que dans celle de simple religieuse, de grands actes de mortification; on peut dire cependant que sa vie était une mortification continuelle. Elle s'étudiait surtout à recevoir en esprit de pénitence toutes les contrariétés et les ennuis qu'elle éprouvait par suite de sa position et nous n'étonnerons personne, sans doute, en disant qu'il ne se passait pas de jours sans qu'elle eût à offrir à Dieu quelques peines... De plus, les fautes inévitables à la faiblesse humaine étaient expiées sévèrement ; avait-elle remarqué un petit manque de charité ou de discrétion; avait-elle éprouvé quelque sentiment d'amour-propre ? Elle s'imposait immédiatement une pénitence, et tout cela sans bruit et sans éclat... Mais nous tenons à rappeler que le plus grand acte de mortification pour une religieuse est de garder ponctuellement sa règle. Cette assiduité en effet à observer ses statuts constitue un acte de vertu tellement héroïque qu'un souverain Pontife n'a pas craint de dire que s'il lui était prouvé qu'un religieux a toujours observé fidèlement ses saintes règles, n'eût-il fait aucun miracle, il n'hésiterait pas à le placer sur les autels.

SON HUMILITÉ.

Il y a dans la supérieure quelque chose de sacré qui la distingue du vulgaire et l'élève au-dessus de ses compagnes. Elle tient son autorité de Dieu *à qui appartiennent la gloire, la grandeur et l'empire; elle emprunte son beau titre de mère à Celui d'où découle toute paternité au ciel et sur la terre;* mais en même temps, c'est une pauvre créature remplie de misères que Dieu peut rejeter comme Saül, ou laisser tomber comme Salomon. Elle doit donc s'acquitter de ses fonctions avec crainte et en toute humilité. Du reste saint Augustin nous avertit que le fondement de la perfection est l'humilité et qu'il doit être d'autant plus solide que l'édifice sera plus élevé. Qu'on juge alors, d'après ce que nous avons dit plus haut, de l'humilité requise dans une supérieure ; or sœur Joseph a pratiqué la vraie et franche humilité.

Il n'y a pas de vertu plus difficile à discerner que l'humilité. Une personne n'est pas humble parce qu'elle se dit la dernière des créatures, ni même parce qu'elle fait des actes extérieurs d'humilité. Mais si elle reçoit habituellement avec calme les louanges et les insultes, qu'elle regarde d'un œil également indifférent les humiliations et les honneurs, il y a déjà lieu de croire qu'elle est humble. Quand surtout ceux qui la connaissent et qui vivent avec elle n'ont qu'une voix pour proclamer son humilité et sa simplicité, tout doute disparaît, parce qu'il est moralement impossible qu'en pareille matière la voix du peuple ne soit pas la voix de Dieu. En appliquant cette pierre de touche à la vie de sœur Joseph, nous sommes obligés de reconnaître qu'elle fut humble. Que de peines elle a éprouvées dans sa vie de supérieure et aussi que de consolations ! Elle a reçu les unes et les autres avec la même sérénité. On lui annonce un jour une nouvelle qui devait lui déchirer le cœur ; elle écoute avec calme, élève ses regards vers le ciel et se soumet aussitôt à la volonté divine. Lui apprenait-on qu'elle avait été en butte à d'amères critiques ? Elle était arrivée à n'en plus ressentir d'émotion. Elle se contentait de répondre en souriant : « Que serait-ce donc si tous mes défauts étaient connus? » Quand on lui faisait observer qu'elle avait reçu quelques marques d'honneur, elle en plaisantait agréablement :

« Attendez, disait-elle, la journée n'est pas passée ; le bon Dieu saura bien me le faire payer. » Enfin toutes les personnes qui ont eu des rapports avec elle ont reconnu son humilité. On a pu lui reprocher certains défauts, mais on n'a jamais dit qu'elle agissait par orgueil. Elle disait un jour : « Je n'ai pas embrassé la vie religieuse pour mettre sur ma tête une couronne d'orgueil et d'amour-propre, mais une couronne de mépris et d'humiliation qui se changera un jour en un diadème de gloire. »

Entrons maintenant dans quelques détails : Elevée à la dignité de supérieure par la confiance de ses sœurs et la bienveillance de son évêque, elle n'y était maintenue que par l'obéissance. Plusieurs fois elle supplia Monseigneur de la décharger d'un fardeau trop lourd, disait-elle, pour sa faiblesse. Surtout quand les années, en s'accumulant sur sa tête, diminuaient ses forces, elle redoublait d'instances et de prières auprès de Sa Grandeur, mais en vain : Monseigneur restait avec raison sourd à ses supplications. — Alors s'adressant au ciel, surtout à la divine Marie sa mère : « Vierge sainte, s'écriait-elle, j'espère de votre bonté que vous ne souffrirez pas que notre chère communauté qui n'a d'autre ambition que celle de vous servir et de travailler de toutes ses forces à la gloire de Dieu, s'affaiblisse par l'incapacité de celle qu'on a mise à sa tête ! Je mérite d'être punie, mon Dieu, mais je vous en supplie, épargnez la communauté et faites-moi miséricorde. Je ne cherche pas à fuir par lâcheté ni pour soulager ma pauvre nature, loin de moi cette pensée ! Mais non, ajoutait-elle aussitôt, je ne me plaindrai plus... Désormais je veux garder le silence : Parlez, Seigneur, votre servante écoute ; une religieuse est toujours récompensée quand elle souffre sans se plaindre. »

L'humilité de sœur Joseph et la délicatesse de sa vertu éclatent encore dans une circonstance que nous allons rapporter :

Les sœurs en voyant la santé de leur mère s'altérer de jour en jour et ses forces l'abandonner, désiraient vivement qu'en mourant elle laissât au moins son portrait. Sœur Joseph elle-même regrettait beaucoup de ne pas avoir celui de sœur Françoise. Elle alla jusqu'à demander à un artiste ambulant, s'il ne lui serait pas possible de faire le portrait d'une personne défunte, sur les explications qu'on lui en donnerait. Le peintre voulut bien essayer et, au bout de quatre ou cinq jours, il présenta son travail. S'il n'était pas parfait, le portrait dépassait de beaucoup l'espérance qu'on avait conçue. A la retraite de 1867, les religieuses anciennes surtout versèrent des larmes d'attendrissement à la vue du portrait de M. Leclerc et de celui de sœur Françoise. Mais la vue de ces chères images ravive encore dans la communauté le désir de posséder celle de la Mère Joseph pendant qu'elle vit encore afin de l'avoir plus ressemblante. — C'est donc un nouveau combat qu'il s'agit de livrer à la pauvre Mère. Les sœurs n'obtiennent qu'un refus catégorique. Elles ne se découragent pas, elles parlent de leur projet à M. le supérieur et à M. l'aumônier qui promettent de l'appuyer. Elles portent même leur demande jusqu'aux pieds de Monseigneur qui l'approuve; la Mère ne se rend pas. « Jamais, dit-elle avec énergie, je ne me présenterai devant un homme pour lui faire copier ma figure. » On comprit trop bien la délicatesse du sentiment qui inspirait sa réponse pour qu'on insistât sur ce point. Mais une sœur leva aussitôt l'obstacle. « J'ai à Paris, dit-elle, une nièce qui s'occupe un peu de peinture et ne réussit pas mal dans les portraits, je vais la faire venir et tout sera concilié. » La pauvre Mère vaincue ne répondit rien, mais alla quelques instants plus tard pleurer devant les ossements de sœur Françoise et consulter son ancienne supérieure sur le sacrifice qu'on lui demandait. Elle se releva soulagée... Le portrait se fit et nous sommes heureux de féliciter la jeune artiste d'avoir réussi (1).

Ecoutons encore la prière suivante qui respire un si suave parfum d'humilité : « O mon Dieu, j'ai péché, faites-moi miséricorde, ayez pitié de notre communauté qui est votre œuvre... Si mes péchés m'empêchent d'être exaucée, voilà le corps que j'ai reçu de vous, ô mon Créateur, je le remets entre vos mains, brisez-le si vous voulez, pourvu qu'il vous plaise de me faire miséricorde; faites, ô mon Dieu, que la prière de votre petite servante monte vers vous; redressez les esprits de tous les membres de la communauté et faites que les cœurs de vos épouses vous soient unis. O Dieu trois fois saint, combien je vous ai offensé par mes négligences, mon igno-

(1) Mlle Léonie Dusseuil, à Paris.

rance et mon ingratitude... Vous m'avez donné des filles à conduire... Je devais les aimer, les entourer d'une sollicitude de mère, les diriger dans le chemin de la vertu et je n'ai été pour elles qu'un miroir de misères...

FERMETÉ DE SŒUR JOSEPH.

L'humilité ne doit point dégénérer en faiblesse. Tel supérieur honteux de se voir à la tête d'une communauté où d'après son appréciation il ne devrait occuper que la dernière place, n'ose reprendre dans ses frères des défauts qu'il aperçoit tous les jours dans sa propre personne; tel autre craignant de perdre sa popularité, ou bien, n'osant sacrifier son repos et se créer des ennuis, laisse enfreindre la règle et grandir les abus. — De pareils supérieurs sont un fléau pour la communauté qu'ils sont appelés à diriger, parce qu'on y pèche impunément et, en laissant dormir le glaive de l'autorité, ils trahissent leur mandat. Aussi tous les maîtres de la vie monastique recommandent-ils au supérieur la fermeté. — Saint Basile, le plus grand d'entre eux, s'inspirant des paroles du prophète Ezéchiel ne craint pas de dire : « Si un frère est demeuré dans sa faute parce qu'il n'a pas été repris par son supérieur, — que celui-ci sache bien que c'est à lui qu'on redemandera le sang de ce malheureux égaré, selon la parole de nos saints Livres. »

La Mère Joseph avait la conscience trop droite pour manquer de fermeté. Gardienne des constitutions de la communauté, elle savait qu'elle devait les rendre intactes au souverain Juge, et souvent elle se représentait le vénérable M. Leclerc, lui demandant compte d'une règle qui était le fruit de tant de méditations et de tant de prières.

Nous avons déjà pu entrevoir la fermeté de la mère Joseph dans les avis qu'elle donnait à ses sœurs; transcrivons encore une lettre dans laquelle elle fait remarquer à une religieuse un défaut de caractère assez prononcé. — Cette bonne sœur se plaignait beaucoup de sa compagne et sans doute peu d'elle même. La supérieure lui répond : « J'ai reçu votre énorme lettre, ma bonne sœur, et je vais vous répondre un mot. Je désapprouve formellement que vous ayez lu la lettre de votre compagne quand vous avez vu que c'était à moi qu'elle était adressée. Vous avez fait là une faute. Si votre compagne n'est pas ce qu'elle doit être, je le regrette; mais laissez-moi vous dire que vous ne prenez pas le moyen de la bien former ni de pouvoir la conserver, et alors que ferons-nous, où prendrons-nous quelqu'un qui puisse vous convenir? Vous ne comprenez donc pas, ma chère fille, que toutes nous sommes enfants d'Adam, que toutes nous avons des misères plus ou moins, et si nous ne nous exerçons pas un peu dans la pratique de la vertu, nous ne pourrons pas nous supporter, c'est ce qui arrive chez vous, et vous ne vous faites aucune violence. Tout ce que je peux vous dire et vous répéter c'est que vous me faites de la peine ; depuis si longtemps que je désire vous voir calme et conciliante ! que d'autres ne sachent pas faire les sacrifices qui se présentent, je le comprends, mais vous, à votre âge, vous devriez au moins essayer d'en faire quelques uns. » Mais la fermeté consiste moins dans les paroles que dans les actes, ce sont donc des actes qu'il faut citer.

Une sœur venait de recevoir son changement ; comme elle était très-attachée à son économe, dans un moment d'égarement, elle aima mieux quitter la communauté que d'obéir. La faute ne fut pas plus tôt commise que la coupable ouvrant les yeux en demanda pardon avec larmes et supplia la supérieure de la recevoir de nouveau. — La Mère Joseph réunit son conseil, et on se rangea à l'avis de la Mère qui était de recevoir la sœur repentante; mais de la soumettre auparavant à une assez rude épreuve, dans son intérêt et dans l'intérêt de la communauté. Il fut décidé qu'elle quitterait l'habit religieux et qu'elle ne pourrait le reprendre qu'après avoir porté pendant six mois le costume de novice, ce qui fut exécuté.

Une autre religieuse avait jugé à propos de porter des chaussures prohibées par la règle, la Mère Joseph s'en étant aperçue, fait allumer du feu dans la cour du pensionnat, et là, en présence des sœurs réunies, y fait jeter solennellement les pauvres souliers. Dans une circonstance sérieuse, quelques sœurs ne s'étant pas montrées assez soumises, la Mère Joseph à l'exercice du soir fit remarquer qu'une faute grave ayant été commise, il faut en demander pardon à Dieu pour les coupables. Aussitôt elle se met à genoux au milieu de la salle et y reste les bras étendus en croix pendant la récitation du *miserere*. Ces exemples et bon nombre d'autres que nous pourrions citer, faisaient beaucoup d'impression sur la communauté

Dans les dernières années de sa vie, sœur Joseph souffrait surtout parce qu'elle croyait n'avoir plus assez de fermeté et d'énergie pour faire observer la règle.

« Quand on est vieux, disait-elle naïvement, on ne peut plus gronder, et cependant c'est un devoir de le faire quelquefois : puis on a moins de force de volonté; nos sœurs le savent bien. Aussi, j'insiste plus que jamais pour que Mgr accepte ma démission. Il nous faut une main ferme pour faire rentrer notre monde dans le devoir. »

Néanmoins, en voyant grandir autour d'elle l'esprit d'indépendance et l'amour de ses aises, la bonne Mère savait parfois tirer de son cœur de supérieure de graves et fortes leçons. Dans une circulaire datée de 1866, elle écrivait à ses sœurs : « Je

prie et je supplie nos bonnes sœurs économes de maintenir dans leurs maisons respectives la paix, l'ordre et l'exacte observance de nos saintes règles. Malheur à celles d'entre nous qui introduiraient le relâchement! Le compte qu'elles auraient à rendre serait terrible et sévère! J'ai la douleur de savoir qu'on abuse de mes paroles et qu'on me fait permettre ce que j'ai toujours défendu et ce que je défendrai tant que j'aurai un souffle de vie. » Elle désapprouvait spécialement « cette foule de voyages inutiles, faits la plupart, sinon sans permission, du moins avec des permissions supposées ou extorquées. « Je
« n'ai plus que peu de temps à rester
« parmi vous, ajoutait-elle ; bientôt je pa-
« raîtrai devant mon juge pour lui rendre
« compte de ma pauvre vie! Oh alors
« comment oserais-je me présenter devant
« ce redoutable tribunal avec les abus
« dont on veut me rendre responsable.
« Notre saint et vénéré fondateur, nos vé-

« nérables sœurs qui nous ont devancés,
« ne me renieront-ils point pour une des
« leurs? Puis-je avoir la confiance que le
« bon Dieu ne m'imputera pas ces abus ? »

Si la fermeté devient excessive elle se change en rudesse. — Voilà pourquoi l'Esprit-saint nous recommande de *n'être pas trop juste,* parce que, ajoute-t-il, il *n'y a pas d'homme sur la terre assez parfait pour faire constamment le bien sans pécher jamais.*

C'est un devoir pour le supérieur, il est vrai, de reprendre et de corriger, mais saint Paul lui apprend avec quelle bonté et avec quelle discrétion il doit s'en acquitter. — Ne reprenez pas les vieillards avec dureté, disait le grand apôtre à Timothée, mais suppliez-les comme vos pères, avertissez les jeunes gens comme vos frères, les femmes âgées comme vos mères et les jeunes personnes comme vos sœurs, avec une pureté parfaite. » — « Si nous agissions autrement, dit saint Bernard, nous briserions les vaisseaux de Tharsis, nous achèverions les roseaux à moitié rompus, nous éteindrions la mèche qui fume encore, c'est-à-dire nous ferions perdre aux âmes faibles le peu de courage et le peu de vertu qui leur restent. »

On peut dire sans crainte d'être démenti, que la Mère Joseph ne fut pas dure. — Elle était bonne, et c'est ce qui lui donnait tant d'empire sur les âmes. Toujours paisible et maîtresse d'elle-même, elle savait réprimer tout mouvement de vivacité. — On acceptait ses reproches comme ses conseils, parce qu'ils étaient empreints d'une douceur qui leur enlevait ce qu'ils auraient eu de blessant. Elle ne disait pas toujours des choses agréables, mais elle savait dire agréablement les choses les plus pénibles, et, si les sœurs sortaient mécontentes de sa cellule, c'était d'elles-mêmes et non pas de leur Mère. — Elle ne reculait devant aucun sacrifice quand il s'agissait d'être utile à ses filles. Les premiers supérieurs lui faisaient-ils observer qu'elle seule pouvait faire tel voyage avec fruit, elle partait aussitôt malgré son âge et ses infirmités, sans témoigner le moindre signe de mécontentement. Elle revenait seule pendant la nuit d'un voyage assez long, et l'omnibus n'avait pas de place à lui offrir, la bonne Mère qui, par suite de l'enflure de ses jambes, pouvait à peine marcher, gravit tranquillement la montagne de Langres, heureuse d'avoir l'occasion d'offrir un petit sacrifice au bon Dieu. Elle apprend un jour que deux religieuses viennent de quitter leur poste et se sont enfuies; la bonne mère en est consternée. N'écoutant que son cœur, elle court, à l'exemple de Notre Seigneur, après ces deux pauvres brebis égarées, fait une dizaine de lieues avant de les rejoindre, et ne peut, malgré ses prières et ses larmes, les ramener au bercail. Ce fut une des grandes peines de sa vie de supérieure. Nous n'insisterons pas sur la bonté de la

Mère Joseph, car il y a peu de personnes dans la communauté qui n'en aient fait l'expérience.

SA CHARITÉ ET SON UNION AVEC DIEU.

Sous des dehors timides et un peu embarrassés, sœur Joseph cachait une âme ardente qui savait s'élever parfois jusqu'à la plus haute contemplation. Elle assistait à toutes les messes qui se célébraient à la communauté et ne trouvait pas de plaisir plus grand que de passer le plus long-temps possible à la chapelle, au pied du Saint-Sacrement. C'est dans ces entretiens si simples dans leur sublimité, qu'elle retrempait son âme fatiguée, en la plongeant dans les sources du Sauveur; là encore elle puisait ces pensées fortes et affectueuses qu'elle envoyait à ses filles pour exciter leur zèle et allumer dans leur âme les flammes du plus pur amour. — C'est sans doute à la suite de ces tendres

communications qu'elle disait à une sœur :
« Oh ! petite sœur de Jésus, aimez ce tendre frère, tenons-nous enfermées dans le saint Tabernacle avec Jésus ; c'est la prison de son amour. — Allez au tabernacle : Moïse y avait recours dans tous ses besoins, et il était exaucé ; cependant ce tabernacle n'était que la figure du nôtre. Commençons dès cette vie ce que nous continuerons dans l'éternité. Quand est-ce que ce beau jour du règne éternel viendra me tirer de mon exil ! Priez, je vous en conjure, Celui que je veux aimer, qu'il daigne bientôt satisfaire mes brûlants désirs. Je vous laisse dans la paix et l'amour de Jésus en attendant le soir de la vie et l'aurore du jour éternel.

Afin de faire encore mieux connaître le cœur aimant et profondément religieux de sœur Joseph, nous allons citer quelques résolutions et quelques pensées détachées que nous avons trouvées dans ses notes.

« Je ne veux rien refuser au bon Dieu,

j'accepte toutes les croix et les peines qui se rencontreront dans ma lourde charge... Je veux garder la pauvreté, la chasteté, l'obéissance et observer avec fidélité nos saintes règles et constitutions. — Je veux tendre tous les jours à la perfection avec le secours de votre saint amour, ô mon Dieu. — Je n'ose pas, comme sainte Thérèse, faire vœu d'accomplir ce que je croirai le plus parfait, cependant je veux me proposer cette haute fidélité pour modèle ; ma devise sera d'aimer en souffrant et de souffrir en aimant, c'est le cri de mon cœur et le brûlant désir de mon âme... Je me sacrifierai par amour, je consacrerai ma vie par amour, je me renoncerai par amour pour mon Dieu...

« Il y a assez longtemps, Seigneur, que je vous crains, il est temps que je vous aime et que je marche à la faveur de votre amour et de vos bienfaits ! Ah ! je connais vos vengeances à mon égard, ô amour infini ! Des grâces insignes pour des péchés

et des infidélités sans nombre! Comment
ne pas vous aimer? — Combien je devrais
être heureuse lorsque vous me ménagez
l'occasion de vous offrir un petit sacrifice!
Quel trésor qu'une petite croix! une petite
souffrance! Etre fidèle dans les petites
choses, ce n'est pas une petite chose et un
petit péché n'est pas un petit mal... C'est
pour m'immoler entièrement à votre gloire
et me consumer corps et âme dans votre
service que je suis entrée en religion,
aidez-moi à accomplir ma résolution et
attachez-moi si fortement à vous que je ne
puisse plus jamais m'en détacher. — Je
suis faible, mais c'est alors que je suis
forte... et je me sens assez de courage
pour m'immoler pour vous. — Je vous
offre toutes les pensées de mon esprit et
tous les battements de mon cœur. —
Que votre divin Cœur soit ma demeure
et ma prison, que j'y vive et que j'y
meure consumée d'amour pour vous.
— Je vous offre mes pensées et mes

souffrances, surtout au moment de ma mort. »

En transcrivant ces lignes, je pensais à la scène sublime où Jésus, avant de confier à Pierre ce qu'il a de plus précieux, son Eglise, exige de lui une triple protestation d'amour, et je me disais : « Une sœur qui aime tant son divin Epoux est bien digne de commander. »

Après une communion elle écrivait ces lignes : « Maintenant que mon bien-aimé est tout à moi et que je suis toute à lui, je dois lui être à jamais fidèle. — Quatre sentiments doivent régler ma vie désormais : Douleur extrême d'un triste passé, — amour ardent et sans mesure pour vous, mon Jésus ! — haine à jamais à ce maudit moi qui a fait ma perte, et conséquemment immolation complète de ma propre volonté, — enfin, abandon absolu de ma pauvre personne entre les mains de Dieu et de mes supérieurs. — Et pour assurer ma fidélité, je chercherai à péné-

trer mon âme par la méditation des souffrances de Jésus et je tàcherai d'imiter ce
divin modèle surtout dans sa passion. — Il
me fera la grâce, je l'espère, de marcher
sur ses traces sanglantes. — De ses humiliations et de ses souffrances je ferai un
bouquet que je porterai sur mon cœur...
Nous ne devons pas quitter la croix ni
descendre du calvaire sans être crucifiés...
Le crucifiement est une longue affaire, la
douleur est une lente ouvrière... Un peu
d'amour donne la patience et la patience
fait les saints... »

Tout à coup la pensée du ciel lui revenant à l'esprit, elle emprunte les paroles du
prophète pour envoyer au divin Epoux ses
plaintes amoureuses... « Mon exil est trop
prolongé! — Je ne serai bien que lorsque
j'habiterai dans ma patrie. Quand donc y en-
trerai-je!... Chaste chœur des vierges, vous
qui du désert avez passé aux cieux, obtenez-
moi une place dans les célestes demeures. »

La bonne Mère ne pouvait oublier saint

Joseph son glorieux patron. C'est à lui qu'elle avait recours dans ses difficultés et ses peines. Tous les mercredis elle gardait l'abstinence en son honneur. — Voici une prière qu'elle lui adressait pendant le mois de Mars :

« Grand saint Joseph, mon glorieux patron, je viens à vous comme une petite enfant, vous prier, en ce mois qui vous est consacré, de m'obtenir la grâce de Dieu et son saint amour. — Si je dois encore rester à la tête de la communauté, obtenez-moi ce qui m'est nécessaire pour la bien gouverner selon le cœur de Dieu, ou plutôt gouvernez-la vous-même de concert avec votre sainte épouse. Amenez donc dans son sein des sujets qui soutiennent l'œuvre par leur dévouement et leurs vertus, comme notre divin Maître a droit de l'attendre... Bénissez, saint et glorieux patron, bénissez toutes vos filles et surtout celle qui vous aime et vous regarde comme son bon père ! »

L'apôtre saint Paul avait bien raison de

dire que nous sommes la bonne odeur de Jésus-Christ. Nous venons de voir le cœur de sœur Joseph, comme une fleur embaumée, laisser échapper autour d'elle la suavité de ses parfums. — En considérant les relations de la bonne Mère avec son Dieu, en entendant ses serments de fidélité, ses tendres gémissements et ses soupirs d'amour, je comprends la puissance qu'elle devait avoir sur le bon Jésus, et je m'explique une parole que je surpris un jour sur les lèvres d'une religieuse : « Notre Mère, me disait-elle, est comme un paratonnerre pour la communauté. Elle détourne de dessus nos têtes la foudre que méritent nos infidélités. » Saint Jérôme n'a-t-il pas dit en effet : « Ce sont les saints qui portent le monde, ce sont eux qui par la force de leurs prières l'empêchent de s'écrouler ! *Sancti portant mundum, dum eum, ne ruat, ne pereat, orationum fortitudine sustinent* (1). »

(1) In Job. c. ix.

Encore un mot sur l'amour de sœur Joseph pour l'Eglise et de son respect filial pour son auguste chef. — Dans ses jeunes années et pendant presque toute la durée de son supériorat elle avait prié pour l'Eglise persécutée. Depuis surtout que l'Epouse du Christ éprouvait la plus poignante des douleurs, celle qui vient de l'ingratitude et de la malice de ses enfants, la digne supérieure priait pour elle avec plus d'ardeur encore. — Nous ne trouvons guère de circulaire où elle ne conjure ses sœurs de hâter par leurs supplications le triomphe de l'Eglise. — Elle avait même demandé et obtenu la permission d'établir à la maison-mère une sorte de communion perpétuelle. Depuis quinze ans, chaque jour une ou deux sœurs s'approchent de la sainte table, au nom de la communauté, pour demander à Notre-Seigneur qu'il daigne enfin mettre un terme aux douloureuses épreuves de son Epouse bien-aimée.

L'intelligence de sœur Joseph n'avait
pas longuement approfondi les preuves de
la divinité de l'Eglise, mais Dieu qui révèle
aux petits et aux humbles les secrets qu'il
cache aux savants, lui avait montré cette
Eglise comme la colonne de la vérité et la
gardienne de la vertu, et son cœur, suivant
son intelligence, l'aimait comme sa mère.

Elle avait pour le souverain Pontife le
même dévouement que pour l'Eglise ; sans
avoir lu peut-être que le Pape et l'Eglise
c'est tout un, elle comprenait que les coups
portés à la tête atteignent tout le corps.
Quand elle apprenait qu'une nouvelle douleur était venue abreuver la grande àme
de Pie IX, son cœur n'y tenait plus et elle
traduisait sa pensée par ces simples paroles : « Ils le feront mourir, les malheureux ! » Non contente de payer au
Saint-Père le tribut de sa vénération et
de ses prières, elle lui offrait aussi l'obole
de la charité. Le denier de saint Pierre,
qui a le privilége de faire crier les impies

et murmurer les avares, est une œuvre particulièrement chère aux enfants de l'Eglise, voilà pourquoi la bonne Mère aimait à faire passer à cette belle œuvre le plus qu'elle pouvait de ses petites économies. Quelque Judas, comme on en voit tant aujourd'hui, aurait dit, sans doute, comme le premier : « *Ut quid perditio hœc?* Pourquoi perdre cet argent, il eût mieux valu le donner aux pauvres ! » Mais la Mère Joseph raisonnant avec son cœur et avec sa foi pensait qu'on doit tout d'abord secourir son père quand on le voit dans le besoin, et que, si Notre-Seigneur a promis de ne pas laisser sans récompense un verre d'eau donné à un pauvre, la récompense sera plus grande si ce pauvre est le chef de son Eglise. D'ailleurs la main qui se montre généreuse envers le souverain Pontife est encore celle qui verse dans le sein des pauvres les plus abondantes aumônes, comme sœur Joseph l'a prouvé en mille occasions.

CHAPITRE IX.

Développement de la congrégation. Sœurs auxiliaires. — Ouvroir et pensionnat. — Sainte-Anne.

Sous la sage direction de sœur Joseph, la communauté s'accrut considérablement. La vénérée Supérieure avait trouvé soixante-six établissements à son entrée en charge, elle en laisse cent quatre-vingt-douze à sa mort. Nous citerons les noms et les dates des fondations faites sous son administration :

Rouvres-s-Aube,	1844	Meuvy,	1845
Saint-Urbain,	id.	Villars-st-Marcellin	id.
Voillecomte,	id.	Epoisse,	1846
Bertheléville,	id.	Sailly,	id.
Saulles,	id.	Véronnes,	id.
Savigny-l-Beaune,	1845	Cohons,	id.
Rimaucourt,	id.	Breuvannes,	id.

Romain-s-Meuse,	1846	Marac,	1855
Thonnance-les-J.,	id.	Fronville,	id.
Louvemont,	id.	Belan,	id.
Osne-le-Val,	id.	Bienville,	id.
Corgirnon,	id.	Bannes,	id.
Prauthoy,	1847	Grenant,	id.
Voulaines,	id.	Auberive,	id.
Viéville,	id.	Riaucourt,	id.
Rivières-le-Bois,	id.	Pothières,	id.
Prangey,	id.	Baissey,	id.
Marnay,	1848	Chamouilley,	1856
Rolampont,	id.	Narcy,	id.
Lanty,	id.	Droyes,	id.
Langres (St-Martin),	1849	Maizières,	id.
Is-sur-Tille,	id.	Dommartin-le-Fr.,	id.
Le Pailly,	id.	Sexfontaines,	id.
Froncles,	id.	Aprey,	id.
Grancey-s-Ource,	1850	Puellemontier,	id.
Vicq,	id.	Montberthault,	1857
Rosoy,	id.	Bligny-s-Beaune,	id.
St-Broingt-l-Fosses,	id.	Roôcourt-la-Côte,	id.
Latrecey,	id.	Arsonval,	id.
Baigneux-l-Juifs,	id.	Bourg-Ste-Marie,	id.
Bourberain,	1851	Curel,	id.
Bligny-sur-Aube,	id.	Leuglay,	1858
Gudmont,	id.	Gourzon,	id.
Perrogney,	1852	Chameroy,	id.
Brousseval,	id.	Morancourt,	id.
Chaumont (bureau),	id.	Saint-Blin,	id.
Courcelles-en-M.,	id.	Chateauvill., pension.	1859
Noidant-le-Roch.,	1853	Prez-sur-Marne,	id.
Voisey,	id.	Gemeaux,	id.
Créancey,	id.	Poulangy,	id.
Coublanc,	id.	Brachay,	id.
Echénay,	id.	Troisfontaines,	id.
Rançonnières,	id.	Mussey,	id.
Epizon,	1854	Villiers-le-Sec,	id.
Vaux-s-Blaise,	id.	Droupt-s-Basle,	1860
Messigny,	id.	Chenove-l-Dijon,	1861
Fresnoy,	id.	Dancevoir-le-Bas,	id.

Ville-sous-Laferté,	1861	Le Bignon,	1867
Amance,	1862	Guyancourt,	id.
Manois,	id.	Lannes,	id.
Autreville,	1863	Suzannecourt,	id.
Soulaucourt,	id.	Montheries,	1868
Esnoms,	id.	Thivet,	id.
Richebourg,	1864	Juzennecourt,	id.
Farincourt,	1865	Malroy,	id.
Jussecourt-Minec.,	id.	Montreuil,	id.
Cusey,	id.	Cirfontaines,	1869
Condes,	1866	Saint-Loup,	id.
Villegusien (asile),	id.	Ceffonds,	id.
Magneux,	id.	Pont-la-Ville,	1870
Darmannes,	id.	Charmontois,	1871
Morogues,	1867	Lanques,	id.
Unienville,	id.	Chevillon,	id.

Toutes les sœurs de la Providence portaient le même costume ; mais on remarqua bientôt que certains travaux ne sont guère compatibles avec l'habit religieux : voilà pourquoi pendant l'administration de sœur Joseph on établit des *sœurs auxiliaires*. Elles jouissent des mêmes avantages que leurs compagnes et sont enfants de la même famille ; seulement, sous un vêtement différent, elles s'adonnent particulièrement à la besogne extérieure. Ces sœurs, qui atteignent aujourd'hui le chiffre de 20, sont placées dans les établissements les plus importants, surtout à la maison de Langres, où elles rendent de grands services. La Mère Joseph appréciait leur dévouement et soutenait leur courage.

A côté du noviciat grandissait dans l'ombre une petite institution bien chère à la Mère Joseph, c'était l'ouvroir. — En 1830, M. l'abbé Barrois, chanoine, supérieur de la Providence, établit un externat où les jeunes filles de la ville pourraient prendre des leçons de couture et former leur cœur à la vertu sous la direction de maîtresses habiles et dévouées. Le vénérable chanoine supporta lui-même la plus grande partie des dépenses nécessitées par cet établissement et fournit de plus un fonds assez important, dont le revenu devait être employé à l'entretien de l'ouvroir, en considération des jeunes filles pauvres de la ville qui y étaient reçues gratuitement.

Une institution si utile fut néanmoins sur le point de tomber. Les élèves qui

devenaient de plus en plus nombreuses
demandaient, pour les abriter, des bâtiments plus vastes; l'externat, en se trans-
formant en internat, avait occasionné de
nouvelles dépenses. D'autre part, la communauté, à cause de son développement ra-
pide, réclamait, elle aussi, de l'air et de l'es-
pace. On parle donc de supprimer l'ouvroir;
la question fut posée au conseil en décembre 1845 et soumise à Monseigneur. Sœur
Joseph plaida éloquemment en faveur
d'une institution qui donnait au monde
des personnes véritablement chrétiennes
et à la communauté des religieuses pieuses et dévouées. Frappé de ces considérations et aussi pour respecter les intentions
du vénérable M. Barrois, Mgr Parisis
décida qu'on conserverait l'ouvroir, sauf à
interdire toute communication des enfants
avec la communauté et à prendre tous les
moyens nécessaires pour parer aux inconvénients qu'on a remarqués. — On mit
aussitôt la Mère Théodosie à la tête de

cette belle œuvre qu'elle avait dirigée avant d'être supérieure et on lui adjoignit pour sous-maîtresse sœur Marie-Joseph, qui la remplaça quelques années plus tard comme directrice.

Cependant le nombre des pensionnaires allait toujours croissant et, malgré les constructions nouvelles qui s'élevaient en ce moment, on prévoyait qu'on serait obligé bientôt de rejeter beaucoup de demandes; de plus, beaucoup de parents avaient exprimé le désir qu'on donnât à leurs enfants des leçons particulières de grammaire et de calcul; les supérieurs consentent à séparer ces enfants et à leur donner une maîtresse spéciale : ce fut l'humble origine du pensionnat. Sœur Joseph, on se le rappelle, était timide de caractère, et conséquemment peu entreprenante, elle redoutait toute innovation, surtout celle qui pouvait produire quelque éclat. L'idée d'un pensionnat lui inspirait des inquiétudes parce qu'elle craignait que, par là, l'esprit du monde ne s'introduisit dans la communauté. Mais, comme cette idée répondait à un véritable besoin, Dieu la bénit, le pensionnat prospéra. En effet, il avait commencé avec quatorze élèves; dix ans plus tard il en comptait quatre-vingt-dix et aujourd'hui il renferme cent pensionnaires et près de cinquante demi-pensionnaires. Ces enfants, tout en ornant leur esprit de connaissances utiles, exercent leur cœur à la pratique des plus solides vertus. Chaque année même, quelques-unes d'entre elles ont la joie d'apporter à leurs parents des brevets de capacité, comme preuve de leur travail, en même temps qu'un plus grand nombre leur offrent des cordons d'enfants de Marie comme récompense de leur piété.

La Mère Joseph voyant le bien qui se faisait au pensionnat consentit très-volontiers à établir ailleurs des institutions de ce genre; c'est ainsi que des pensionnats se fondent successivement à Chaumont, à

Montiérender, Châteauvillain, Nogent, etc. Les maîtresses y travaillent avec autant d'intelligence que de dévouement, à l'instruction et à l'éducation des enfants qui leur sont confiées.

L'année avant sa mort, sur les instances de plusieurs parents, sœur Joseph établit à la maison-mère, un asile payant qui compte aujourd'hui plus de trente enfants appartenant aux familles les plus honorables de la ville.

La communauté, en multipliant ses établissements, avait augmenté son personnel et se voyait dans la nécessité d'agrandir les bâtiments de la maison-mère. — En 1815, Mlle Poisse avait donné aux sœurs de la Providence une maison, sise rue des Carmes ; cet immeuble, ainsi que les maisons Jacquet et d'Arbigny, acquises plus tard, se transformèrent en chapelle et en cellules de religieuses, sous la direction de M. Luquet, alors architecte et devenu plus tard évêque d'Hésébon. Mais la maison de Langres ne tarde pas à devenir insuffisante. — En vain on avait acheté en 1839 et 1841 quelques maisons voisines, il fallait, pour qu'elles fussent utiles, les approprier à leur nouvelle destination; et pour cela de l'argent était nécessaire. Sœur Joseph a recours à la charité des fidèles, surtout du clergé. Dans une lettre qu'elle écrit à MM. les curés, en date du 22 juin 1846, elle sollicite leurs aumônes en leur exposant les motifs des nouvelles dépenses que va faire la commuauté : « Notre maison de Langres, dit-elle, est comme vous le savez, Monsieur le curé, le lieu du noviciat et en même temps l'asile des sœurs âgées et de celles, en assez grand nombre, chez qui les infirmités ont devancé les années. Les anciens bâtiments sont devenus insuffisants. Les personnes dont nous devons suivre les conseils et respecter l'autorité ont jugé des constructions nouvelles indispensables. Nous nous sommes donc décidées à grande peine à faire abattre les vieilles masures, non assurément pour avoir une maison plus belle, mais parce que celle-ci ne pouvait plus suffire, et surtout parce qu'on nous a représenté que, pour assurer la discipline dans une communauté, il était absolument nécessaire que le local fût approprié à sa destination. »

L'appel de sœur Joseph est entendu, les nouveaux bâtiments s'élèvent, et le quatorze août 1847, la bonne Mère peut annoncer à ses filles que, cette année, la maison récemment construite sera à même d'abriter la communauté; laissons-la annoncer cette heureuse nouvelle :

« A la dernière retraite, mes chères sœurs, vous avez partagé nos douleurs. La famille n'a pu se réunir tout entière, l'enceinte était trop étroite et les sœurs qui ont eu le bonheur d'être admises n'ont pas eu la consolation de rendre leurs exercices communs. Il a fallu en diverses circonstances, faire plusieurs divisions qui, à la vérité, n'ont pas nui à l'union des cœurs, mais qui étaient incompatibles avec une unité d'ensemble nécessaire pour le bon ordre dans une retraite. C'est alors surtout que vous avez compris, comme nous, les graves inconvénients provenant de l'insuffisance de logement, et tout ce qu'il pouvait en résulter de funeste pour l'avenir de la communauté. Il fallait se résigner à ces conséquences ou agrandir le local. Remplies de confiance en la bonne Providence, nous avons pris ce dernier parti.

« Le Seigneur a béni cette entreprise que nous n'avons faite que pour sa gloire. Des âmes généreuses nous sont venues en aide et pour votre part, mes chères sœurs, vous y avez contribué par vos prières, et sans doute, autant qu'il a été en vous, par les ressources dont vous avez pu disposer. Il est vrai que nous n'avons pas entièrement couvert des dépenses aussi considérables, il nous reste encore une dette assez lourde à payer, mais nous espérons de la bonté divine que la bonne œuvre s'achèvera.

« Pour cette fois nous pourrons nous assembler dans cette maison qui est bien celle de la Providence, et c'est pour moi une très-grande consolation de vous y appeler. »

Sœur Joseph avait tenu ses sœurs au courant de tout ce qui se passait à propos de ces constructions, et dans une lettre datée du 27 février 1847, elle leur disait comment on avait commencé de démolir sans avoir un sou. Quelques jours après, sœur Marie apportait 400 francs, et depuis ce moment, l'argent est venu assez abondamment.

Elle est heureuse de leur apprendre que pendant les travaux il n'est point arrivé d'accident et qu'il n'y a point eu à la communauté de maladie sérieuse. — Par cette même lettre, elle fait connaître à ses sœurs deux décisions prises par la communauté et approuvées par Mgr l'Evêque :

Une messe suivie d'une antienne à la sainte Vierge sera dite les premiers lundis de chaque mois à l'intention de tous les bienfaiteurs de l'institut, vivants et morts. Puis la communauté étant une famille, elle ne doit pas oublier les membres qui ne sont plus, conséquemment tous les jeudis de l'année, on dira pour les sœurs défuntes, une messe suivie du *Languentibus*.

Ces deux fondations sont perpétuelles.

Quelques années plus tard, en 1850-51, on construisait l'aile occupée par l'ouvroir et le noviciat, et en 1858-59 la partie qui sert de réfectoire et de cuisine.

Pour une communauté qui habite la ville, une maison de campagne est sinon nécessaire, du moins très-utile. Il est bon que les jeunes personnes quittent de temps en temps les classes et la cour pour aller à leur aise respirer l'air des champs. Mademoiselle Pahin, sœur d'un ancien curé de Langres, avait donné à la communauté les fertiles jardins de la Blancherie ; mais cette propriété est trop rapprochée de la ville pour qu'on soit à l'abri des regards indiscrets, et trop étroite pour qu'une communauté puisse y prendre sa récréation sans être gênée dans ses mouvements. — Mgr Luquet et sa famille étaient alors propriétaires d'une ferme située à Buzon, et qui conviendrait admirablement pour un lieu de promenade. Le prélat portait un vif intérêt aux sœurs de la Providence, il n'avait pas oublié que c'était lui qui, comme architecte, avait fait les premiers plans du couvent. — Sa Grandeur ayant pris le consentement de sa famille, proposa aux supérieurs de la communauté, d'échanger sa ferme contre le jardin donné par Mademoiselle Pahin, — La proposition fut acceptée et l'échange conclu en 1851.

Pour devenir habitable, la nouvelle propriété demande de nouveaux bâtiments. — Mais avant d'abriter les religieuses, il faut construire une maison au maître du lieu, au Seigneur Jésus; il mérite un palais, seulement il se contente d'une modeste demeure, tant est grand son désir d'habiter parmi les enfants des hommes! — Il s'agit donc de lui élever une chapelle. L'argent manque; peu importe, on se met à l'œuvre, on ouvre une souscription, on organise une loterie, et les aumônes arrivent. En 1860, le monument est achevé et Monseigneur daigne le bénir. Aujourd'hui le bon Sauveur est là, pendant la belle saison, pour recevoir les visiteurs et les combler de bienfaits. Mais il réserve aux enfants ses plus tendres caresses, et aux sœurs malades ses plus douces consolations. La mère Joseph, dans sa reconnaissance, fonda douze messes par an, qui se disent le 25 de chaque mois, pour les personnes qui ont contribué à l'érection de la chapelle.

Deux ans plus tard on construisit le bâtiment qui sert d'infirmerie, de salle de

travail et de buanderie. Mais une buanderie réclame de l'eau, et l'eau fait défaut.
Rassurons-nous, sainte Reine en bonne
voisine vient au secours de sainte Anne.
Grâce à la générosité du Grand–Séminaire, une eau vive et limpide alimente
la maison, et apporte dans des parages,
autrefois déserts et arides, la vie et la
fraicheur.

En 1861, M. Lamy, supérieur du Grand-
Séminaire, achetait pour la congrégation
une vaste propriété plantée de bois qui
dominait la ferme. — C'est dans cette campagne, décorée du nom de Ste-Anne et l'un
des sites les plus pittoresques de nos pays,
que les membres de la communauté aiment
à venir se reposer de leurs fatigues. Les
enfants oublient volontiers une fois par
semaine livres et aiguilles pour faire une
ronde joyeuse, à l'abri d'arbres séculaires,
sur le tapis de verdure que le bon Dieu a
pris soin d'étendre sous leurs pas. — Heureuses enfants, si elles connaissaient leur

bonheur! mais quand on le connaît il n'est déjà plus..... Et dans les sentiers qui serpentent au pied de roches magnifiques tapissées de lierre se promènent lentement des religieuses que les fatigues ont vieillies plus encore que les ans. Elles demandent la santé à l'air fortifiant du bois. Que Dieu la leur rende, car c'est pour la dépenser tout entière à son service et au service du prochain.

Combien sœur Joseph aimait sa chère campagne de Ste-Anne, non point pour elle, car à peine la visitait-elle deux fois l'année, mais à cause des avantages qu'elle procurait à la communauté! — Aussi est-ce à l'ombre de sa petite chapelle que la bonne Mère choisit le lieu de son repos pour attendre le grand jour du réveil.

Les filles ne veulent pas être séparées de leur Mère même dans la mort; avant de s'endormir dans le Seigneur, presque toutes celles qui meurent à la maison de Langres demandent à être inhumées auprès d'elle, de sorte que Ste-Anne renferme aujourd'hui un cimetière. Pour aller au préau, qui est le champ de la vie, on passe, en disant une prière, à côté du champ du sommeil.

La Mère Joseph était avant tout une sœur de la Providence; mais elle aimait beaucoup les confréries et les pieuses associations, à cause des heureux résultats qu'elles produisent. Il est si doux de savoir qu'on prie avec des centaines de mille confrères répandus sur la surface du globe! La vénérée supérieure, sans imposer à ses filles de trop nombreuses pratiques, voulut cependant les associer à plusieurs confréries. C'est ainsi qu'à sa demande on établit à la communauté l'association réparatrice affiliée à l'archiconfrérie; les confréries de Notre-Dame de la Providence et du Rosaire et la garde d'honneur du Sacré-Cœur. Les sœurs retirent beaucoup de fruits de ces saintes associations; car, si nos prières sont souvent pauvres par elles-mêmes, elles ont une force irrésistible quand elles montent vers le trône de Dieu en grande compagnie.

CHAPITRE X

Comment la Mère Joseph est secondée par NN. SS. les évêques de Langres et par des prêtres zélés.

Sœur Joseph fut puissamment secondée dans sa laborieuse et difficile mission. Elle trouva au-dessus d'elle et à côté d'elle des hommes d'intelligence et de cœur qui la dirigèrent et l'aidèrent à porter son lourd fardeau. En premier lieu nous placerons Nos Seigneurs les évêques de Langres, Mgr Parisis d'abord, ensuite Mgr Guerrin. Les vénérables prélats comprenaient trop bien l'importance de la congrégation au point de vue de l'instruction et de l'éduca-tion des jeunes personnes pour en négliger les intérêts.

A son arrivée à Langres, en 1835, Mgr Parisis se charge de la direction immédiate de la communauté et imprime à ses membres une vigoureuse impulsion. Il dégage la règle, donnée par M. Leclerc, des commentaires et des additions dont l'avait surchargée les administrateurs laïques, et il peut dire aux sœurs dans une retraite : « Des mains d'ailleurs respectables ont eu la témérité de toucher à vos saintes constitutions, nous avons aujourd'hui la joie de vous les rendre telles que vous les a laissées votre vénérable fondateur. »

Par ses nombreuses ordonnances, il fixe l'esprit de la congrégation et fournit les principes de solution de la plupart des difficultés. C'est donc sans flatterie que la Mère Joseph pouvait dans une lettre à la date de 1847, lui témoigner sa reconnaissance « pour les bienfaits sans nombre dont il daignait depuis douze ans favoriser la communauté qui, lors de l'avènement de Sa Grandeur au siége de Langres, marchait encore d'un pas faible et chancelant, et qui maintenant, grâces à ses soins paternels; avait pris une grande extension. »

C'est avec la même vérité que le vénéré prélat écrivait, en 1859, à la supérieure : « Durant dix-sept ans j'ai travaillé pour votre précieuse communauté avec un dévouement que je n'ai jamais eu au même degré pour aucune autre œuvre et aussi avec des consolations que je n'oublierai jamais. »

Sa Grandeur, tout en s'occupant activement par elle-même de l'administration de la communauté, lui avait néanmoins donné comme directeurs M. l'abbé Thyrion et M. Lamy, supérieur des prêtres de Marie puis du grand séminaire. M. Lamy se démit de ses fonctions en 1845, après deux ans d'exercice. Monseigneur ne jugea pas à propos de le remplacer, seulement M. l'abbé Carbillet, aumônier de la maison, avait la direction des affaires matérielles et devait prêter son concours dans certaines affaires officielles qui n'étaient point de nature à nuire à la liberté des consciences. Monseigneur faisait lui-même, dans toute la force du terme, les fonctions de supérieur immédiat.

L'intervention directe d'un évêque dans le gouvernement d'une communauté nombreuse peut être bonne à un moment donné, pour ranimer la ferveur et opérer d'utiles réformes; mais, à notre avis, elle a des inconvénients si elle se continue. D'abord il est matériellement impossible à un évêque, qui a la charge d'un diocèse, d'entrer dans le détail d'une communauté, il sera obligé de juger sur des rapports; de plus, sa haute autorité et le respect dont il est entouré ne permettront jamais à toutes les sœurs du conseil d'émettre librement leur avis, surtout s'il est contraire au sien. La supérieure elle-même sera gênée, et c'est ce qui est arrivé plus d'une fois pour sœur Joseph pendant les trois ou quatre dernières années de l'épiscopat de Mgr Parisis à Langres ; elle nous l'a souvent avoué. Il est donc bon qu'il y ait entre la supérieure et l'évêque un délégué de l'ordinaire qu'on appellera supérieur ou directeur. Tout en laissant à la supérieure les importantes et délicates fonctions qui sont inhérentes à son beau titre de Mère, le supérieur d'une communauté comme la Providence aura pour mission spéciale d'étudier et, au besoin, de discuter, avec les différentes autorités, les questions d'administration et de les soumettre, avec ses propres observations, au conseil dont il fera exécuter au dehors les décisions.

Mgr Parisis comprit enfin qu'il ne pouvait plus diriger par lui-même la communauté, d'autant plus que les travaux considérables de l'Assemblée Constituante dont il était une des lumières, absorbaient à peu près tous ses instants. Quelques mois donc avant d'être transféré au siége d'Arras, il confie à M. Manois, supérieur du petit séminaire de Langres, la charge importante de supérieur des sœurs de la Providence. La lettre qu'il lui écrivit à ce sujet montre trop l'intérêt que Sa Grandeur portait à la communauté, pour que nous n'en fassions pas mention, et au risque de blesser la modestie du vénéré supérieur à qui elle est adressée et dont elle fait un éloge si mérité, nous la citerons intégralement :

« Paris, le 7 septembre 1851.

« Mon cher Monsieur Manois,

« Depuis le commencement de mon épiscopat, je m'étais chargé de la direction immédiate des communautés religieuses de tout le diocèse, et ç'avait été pour moi beaucoup moins un surcroît d'occupation qu'une source de consolations et je pourrais dire un véritable délassement.

« L'obligation où je me suis trouvé depuis trois ans d'interrompre en grande partie les soins particuliers que j'étais heureux de donner à ces saintes maisons, n'a pas été une de mes moins dures privations pendant le pénible exil que l'adorable volonté de Dieu m'a imposé !

« Entre ces communautés, il en est une qui, par le nombre de ses membres et de ses établissements, par l'importance de ses services, par son origine exclusivement diocésaine, exige plus de sollicitude et appelle plus d'intérêt ; c'est celle des sœurs de la Providence. Il m'en coûte beaucoup de cesser auprès d'elle un ministère paternel auquel elle a toujours répondu avec tant d'obéissance et de simplicité ; mais les circonstances graves où je me trouve me font un devoir de confier cette direction à d'autres mains.

« Permettez, mon cher Monsieur Manois, que je la remette entre les vôtres. Je vous nomme par ces présentes, supérieur de cette précieuse congrégation. Je ne puis pas vous donner une marque de plus haute confiance, parce que je ne puis rien vous confier de plus cher : vous vous efforcerez de maintenir parmi ces bonnes sœurs, l'esprit que leur vénérable fondateur leur a donné dès le principe, et j'ai bien l'espoir qu'avec les sollicitudes qu'exige toujours une grande famille, elles vous donneront d'abondantes consolations.

« Agréez, mon cher Monsieur Manois, la nouvelle assurance de mes sentiments les plus affectueux en Notre Seigneur.

« Signé : † PIERRE-LOUIS,
Evêque de Langres. »

Devenu évêque d'Arras, Mgr Parisis n'a pas oublié les sœurs de la Providence de Langres. Il écrivit à la Mère Joseph plusieurs lettres dans lesquelles nous retrouvons son esprit et son cœur. Il voulut même établir dans sa ville épiscopale des religieuses de cet institut, et demanda à la congrégation de Langres une de ses sœurs les plus capables pour fonder à Arras une communauté qui, depuis vingt-trois ans, grandit et prospère sous l'habile direction de sœur Cécile. Sa Grandeur, en exprimant aux sœurs de Langres les regrets qu'Elle a éprouvés en se séparant d'une communauté qui lui avait toujours été si chère, ajoute dans une lettre datée de 1858 :

« Je m'en suis un peu consolé plus tard par la pensée que j'aurais au sein de ma nouvelle famille un rameau de cet arbre béni qui, planté il y a un demi-siècle par la main vénérée d'un confesseur de la foi, étend au loin ses branches chargées de fruits, à l'ombre desquelles des milliers de petits enfants, comme de faibles oiseaux en péril, viennent se réfugier.

« Et maintenant que la parole du Pontife suprême a déclaré que la communauté-mère de Langres et son humble fille d'Arras sont deux sœurs, soumises aux mêmes lois, jouissant des mêmes priviléges, vivant de la même vie, je me retrouve encore un peu votre père et je sens dans mon cœur que j'en ai tous les sentiments. »

Les sœurs de la Providence retrouvèrent dans Mgr Guerrin la bonté et la paternelle bienveillance dont les avait entourées son illustre prédécesseur. Sa Grandeur estimait beaucoup la sœur Joseph et ne manquait jamais de l'encourager et de la soutenir dans ses épreuves. « Quelle perte pour la congrégation ! disait le vénérable prélat en apprenant sa mort, c'était une si bonne religieuse ! » Quel esprit de foi et de simplicité ! quelle vie cachée en Dieu !

Nous ne pouvons passer sous silence le service signalé que Nos Seigneurs les Evêques d'Arras et de Langres rendirent à la communauté, en obtenant pour elle l'approbation apostolique.

Depuis longtemps les religieuses de la Providence désiraient pour leur Institut la haute approbation du Saint-Siége ; c'est en effet pour de fidèles enfants de l'Eglise la récompense la plus grande et la satisfaction la plus légitime de savoir qu'ils travaillent avec l'agrément, les encouragements et surtout l'approbation du vicaire de Celui qui fait dire au juste par son prophète qu'il est content de lui.

Dès l'année 1842, sous le Pontificat du Pape Grégoire XVI d'heureuse mémoire, Mgr Parisis, alors évêque de Langres, avait demandé au vicaire de J.-C. l'approbation de l'Institut et des règles des sœurs de la Providence. Aussitôt la Sacrée Congrégation des Evêques et des Réguliers examine ces règles qui lui avaient été remises traduites en latin par le R. P. Rosaven et, après quelques légers changements, les approuva, sans qu'il y eût toutefois une approbation expresse du Saint-Siége ; mais par un décret de la même Sacrée Congrégation, en date du 1er avril 1844, Sa Sainteté déclara que l'Institut était très-louable, et en témoignage de sa bienveillance lui accorda les indulgences les plus précieuses.

Les choses en étaient là quand, en 1856, NN. SS. les évêques d'Arras et de Langres envoient au St-Père une nouvelle supplique pour le prier d'approuver l'Instut et les constitutions. Le Souverain Pontife, qui dans ces graves affaires agit toujours avec une sage lenteur, approuva enfin, le 25 juin 1858, et confirma ledit Institut comme pieuse congrégation de femmes soumises à la juridiction des Evêques et différa encore l'approbation définitive des constitutions (1).

Cette heureuse nouvelle combla de joie les sœurs de la Providence et particulièrement la mère Joseph; aussi voulut-elle

(1) *Sanctissimus, attentis precibus Antistitum Atrebatensis et Lingonensis, præfatum Institutum mulierum à* Providentia *nuncupatum, præsentis decreti tenore approbat atque confirmat uti piam congregationem mulierum sub jurisdictione et subjectione Antistitum locorum : Dilata ad opportunius tempus approbatione Constitutionum.* Decr. 25 jun. 1858.

aller elle-même à Arras recevoir des mains de Mgr Parisis, à qui il avait été envoyé, le bref d'approbation.

Elle fit le voyage avec sœur Stanislas, économe de la maison—mère. En leur remettant solennellement le bref tant désiré, le vénérable prélat leur adressa ces éloquentes paroles :

« Mes chères filles en J.-C., les hommes du monde vont souvent chercher bien loin les trésors de la terre ; ils supportent bien des fatigues et bravent bien des dangers pour les acquérir. Plus intelligentes qu'eux, vous êtes également venues de loin pour recueillir de nos mains, non des biens qui trompent et qui passent, mais un vrai trésor spirituel, une grâce substantielle et permanente, le couronnement de votre vocation, la sanction suprême des œuvres qui se partagent tous les instants de votre vie, l'approbation enfin, l'approbation apostolique de cette chère communauté de la Providence que vous avez depuis longtemps préférée à tout, pour laquelle vous avez tout quitté, que vous aimez plus que le monde entier et plus que vous-mêmes.

« Recevez-le donc, ce bref précieux, recevez-le avec respect comme une gloire pour votre Institut, avec joie comme une récompense pour vous, avec reconnaissance comme un encouragement pour vos bonnes sœurs, enfin avec amour comme le gage sacré des bénédictions de plus en plus abondantes que le divin Maître vous réserve à toutes. Puissiez-vous toutes vous en rendre dignes de plus en plus. »

Sœur Joseph s'inspirait aussi des conseils de prêtres vénérables et dévoués; plusieurs sont allés avant elle recevoir la récompense de leurs travaux, pendant que les autres continuent de prêter à la communauté le secours de leurs lumières et de leur expérience.

Nous ne parlerons que de ceux qui ne sont plus.

Dans les premiers mois de l'année 1870, Dieu appela à lui trois hommes qui avaient toujours soutenu la congrégation. Le premier, c'est M. l'abbé Febvre, décédé le 12 janvier 1870.

Ce vénérable prêtre « ami de toutes les communautés religieuses avait une prédilection particulière pour les religieuses de la Providence de Langres. Deux de ses sœurs et plusieurs parentes en avaient fait partie, et l'une de ses sœurs en avait été supérieure générale. Il avait bien connu M. Leclerc, fondateur de la communauté (1). » Il se rappelait que les prières et les conseils de sœur Françoise l'avaient soutenu dans son enfance et que les premières religieuses de la Providence avaient demandé pour lui la grâce d'être un bon prêtre, et il s'en montrait reconnaissant. Notre but n'est pas ici de parler de toutes

(1) Notice sur M. Febvre, économe du Grand-Séminaire et chan. de la cath, de Langres, par M. l'abbé Maugère.

les bonnes œuvres faites par cette âme simple et généreuse ; mais nous ne pouvons
taire quelques-unes de celles qu'il a accom-
plies en faveur de la Providence, afin de
montrer les liens qui l'unissaient à cette
communauté, et particulièrement à la
digne supérieure.

L'ouvroir et le pensionnat étaient l'objet
de sa sollicitude, il aimait à y prêcher les
retraites, et sa parole onctueuse et sans
apprêt allait droit au cœur de ces pauvres
enfants ; le noviciat surtout le préoccupait.
Dans ses courses évangéliques trouvait-il
une personne véritablement appelée à la
vie religieuse, il l'amenait à la maison ; si
elle n'avait pas de fortune, pas même de
quoi fournir à son entretien pendant son
noviciat, il l'amenait encore, payant lui-
même une partie de la pension et laissant à
la Providence le soin de faire le reste. Il
avait la délicate attention de donner lui-
même l'argent à la pauvre fille qui venait
tout heureuse remettre ses cent francs

ou ses deux cents francs entre les mains de l'économe. Tout en s'occupant du noviciat il n'oubliait pas le reste de la communauté ; il mettait son expérience à la disposition des supérieurs qui en usaient souvent, sans lasser jamais sa bonté ni épuiser son dévouement. On se rappelle aussi que c'est lui qui avait soutenu le courage de sœur Joseph pendant les premières années qu'elle passa à Poissons. On ne s'étonnera donc pas des soins qu'elle fit prodiguer à M. Febvre pendant sa cruelle maladie, des visites qu'elle-même lui faisait assez souvent, et de la douleur qu'elle ressentit quand Dieu appela à lui son fidèle serviteur. La mort de M. Febvre impressionna vivement la mère Joseph. « Que je voudrais être à sa place, disait-elle, mais celui-là est un saint ! Quelle belle mort ! Si le bon Dieu m'accordait la grâce d'en faire une pareille. »

Un autre appui de la maison, c'était M. l'abbé Lamy, supérieur du grand séminaire, décédé le 28 mars 1870. Lui aussi avait rendu de grands services à la communauté. Il en avait été le supérieur pendant deux ans, il en était le bienfaiteur insigne et le conseiller. M. Lamy était le confesseur extraordinaire de plusieurs religieuses qui goûtaient beaucoup sa direction sage et énergique. Ce digne prêtre, avec sa nature fortement trempée, se laissait facilement attendrir, et quand il voyait une âme malheureuse, il mettait tout en œuvre pour lui rendre la paix et le bonheur. La Mère Joseph le savait, voilà pourquoi elle sentit si bien le vide que la longue maladie et la mort de M. Lamy avaient fait dans la communauté.

La mort de ces hommes si sages et si dévoués avaient causé à la supérieure une douleur bien vive, mais elle avait encore à côté d'elle, outre ses assistantes, ses deux appuis naturels, M. Manois et M. Carbillet, l'un supérieur et l'autre aumônier de la Maison.

L'un de ces appuis va lui être enlevé : elle vient de pleurer ses conseillers, elle va verser des larmes sur la mort d'un père. Depuis trente ans, M. l'abbé Carbillet dirigeait la communauté. C'était un homme d'une foi très-vive et d'une vertu consommée. Sévère pour lui-même jusqu'à être dur, il avait pour les autres une âme compatissante ; sa vie retirée et cachée en Dieu ne l'empêchait pas de s'intéresser aux douleurs de l'humanité et de les soulager dans la mesure de ses forces ; lui aussi pratiquait avant d'enseigner, voilà pourquoi sa parole avait tant de force et d'autorité. Etranger à tout ce qui n'était pas de son devoir, il s'appliquait entièrement à son ministère et se montrait, par son dévouement, le père d'une communauté qu'il avait en si grande estime. La Mère Joseph perdait donc en M. Carbillet un confident et un père. Sous sa direction elle s'était élevée chaque jour de vertu en vertu, elle avait versé dans son cœur ses joies et ses peines.

C'est lui qui l'avait soutenue dans ses défaillances, éclairée dans ses doutes, affermie dans ses hésitations, consolée dans ses douleurs. Depuis vingt-six ans que ces deux âmes se connaissaient, elles avaient gardé l'une pour l'autre une estime et un respect qui grandissaient tous les jours.

Ce vénérable prêtre souffrait depuis un certain temps de douleurs rhumatismales, mais il avait toujours continué l'exercice de son ministère, lorsque tout à coup, au commencement du carême, il se voit forcé de garder le lit; un écoulement s'était produit aux jambes et le médecin déclarait le mal à peu près incurable. A cette nouvelle les religieuses furent consternées; de ferventes prières furent adressées à Dieu et à saint Joseph, patron du malade. Parmi ces voix qui montent vers le ciel, nous devons distinguer celle de la Mère Joseph. Elle ne se contente pas de prier, elle fait prier. Elle écrit à Nevers pour demander des prières à la communauté qui a le bonheur de posséder Bernadette : elle supplie « la bienheureuse enfant qui a eu le bonheur de s'entretenir avec Marie de demander pour les pauvres religieuses de la Providence de Langres, une chose importante, une grâce insigne, c'est-à-dire la guérison de leur excellent aumônier. » Hélas ! cette grâce devait leur être refusée. L'athlète du Christ, qui avait combattu comme prêtre pendant quarante-huit ans le bon combat, méritait de recevoir sa récompense. Le 30 mars 1870, ce père vénéré quittait la terre au commencement de sa soixante-onzième année. Toutes les religieuses ont senti le coup qui les frappait, mais personne ne l'a éprouvé plus vivement que leur digne Mère. Sa douleur était si grande, qu'elle n'eut pas le courage d'informer elle-même Monseigneur du malheur qui venait d'atteindre la communauté. Mais à peine Sa Grandeur a-t-elle appris la mort de M. Carbillet qu'elle écrit de Rome à la bonne Mère : « Il a donc plu à Dieu de rappeler à lui le père Carbillet, ce saint prêtre qui a tant et si longtemps édifié votre communauté, et qui lui a fait tant de bien! C'est un grand sacrifice qu'il vous a demandé et dont vous avez bien vivement senti l'amertume! Personne ne le comprend mieux que moi. Il faudrait vraiment que des prêtres comme M. Carbillet ne mourussent pas. » La supérieure répondit : « Je n'ai pas eu le courage, Monseigneur, de vous informer de notre malheur; absorbée dans la peine, j'en ai laissé le soin à d'autres. Je prévoyais pourtant depuis longtemps les peines qui nous menaçaient, mais je n'étais pas encore prête à les accepter. Perdre notre vénérable père Carbillet, ce saint prêtre, et presque au même instant ces autres prêtres vénérables, si dévoués à notre communauté... Quel sujet d'affliction! Sans doute, je me console un peu dans la pensée que la sainteté de leur vie leur a mérité une place distinguée dans le ciel et qu'ils veilleront sur notre grande famille... Je demande que le souvenir de leurs bonnes œuvres ne meure pas avec eux, mais qu'il vive à jamais dans la communauté avec le bon esprit qu'ils savaient si bien inspirer et que nous voulons garder fidèlement. » Ces lignes font l'éloge des personnes dont elles parlent et du cœur qui les dicte...

La Mère Joseph était à peine remise des coups qui venaient de la frapper lorsqu'un douloureux évènement vint soudain jeter dans son âme les plus vives inquiétudes. — L'empereur venait de déclarer à l'Allemagne une guerre qui devait être si funeste à notre malheureuse patrie. L'ennemi avait déjà envahi la France et s'avançait sur nous. Bientôt notre département est occupé et à chaque instant nous sommes menacés des horreurs d'un siége. C'est dans ces graves circonstances qu'il faut nous arrêter un moment devant notre bonne Mère pour contempler cette âme à la fois si soucieuse et si calme.

Rappelons-nous d'abord qu'elle est Mère; elle a sept cents filles répandues dans le département et dans les départements voisins, sept cents filles qui vont se trouver en face d'un ennemi triomphant, et qui peuvent être insultées, maltraitées. Elle n'est pas seulement Mère, elle est aussi l'Epouse de Jésus-Christ et ses filles ont, comme elle, consacré au céleste Epoux leurs âmes et leurs corps. Il était donc naturel qu'elle eût quelque inquiétude. — « Mon Dieu! disait-elle, que vont devenir nos pauvres sœurs! Pourvu qu'il ne leur arrive aucun mal? » et aussitôt qu'on recevait des nouvelles d'un village envahi, sa première demande était celle-ci : « Et nos sœurs? » Quand elle apprenait qu'elles avaient été respectées : « Que Dieu soit béni! » s'écriait-elle. En voyant la tendre sollicitude de la Mère Joseph pour ses filles exposées au milieu des ennemis, notre pensée se portait naturellement sur le grand-prêtre Héli tremblant pour l'arche d'alliance prête à tomber entre les mains des Philistins. Si elle eut appris qu'on eût porté une main sacrilége sur ces arches vivantes où le Seigneur avait tant de fois cimenté son alliance, sa douleur n'eût pas été moins vive que celle du vieillard, quand on lui annonça le sort de l'arche sainte. Aussi que de prières et de larmes elle a répandues devant le Seigneur pendant cette triste époque! Tandis que ses sœurs combattaient dans la plaine, soignaient les malades et pansaient les blessés, consolaient les malheureux et essuyaient les larmes des orphelins, elle, comme Moïse, étendait ses bras sur la montagne, venait fréquemment à la chapelle dans ce banc qu'on lui connaît, et le regard fixé sur le tabernacle, elle suppliait le Dieu de justice de devenir le Dieu de miséricorde. Grâces au Seigneur, ses gémissements ont été entendus et dans ces temps malheureux elle n'a pas perdu une seule des âmes qui lui avaient été confiées.

Tout en s'inquiétant et en craignant pour
les autres, elle montrait pour elle-même et
pour le sort de la maison-mère un calme
et une confiance qui étaient de nature à
rassurer les plus timides. Elle a toujours
été persuadée que l'ennemi n'entrerait pas
à Langres. A l'approche du danger, les habitants de la ville, ne se fiant ni à la valeur
de leurs défenseurs ni à la solidité de
leurs remparts, ont recours à Celle qui est
terrible comme une armée rangée en ba-
taille : ils font vœu d'élever un monument
à la Sainte-Vierge, si leur ville est épar-
gnée. Il va sans dire que la Mère Joseph
fut des premières à adhérer à ce vœu au
nom de la communauté. Elle fait plus, elle
promet à Marie une statue de Notre-Dame
de la Salette si la congrégation est proté-
gée. C'est là qu'elle puisait son calme et
sa confiance, voilà pourquoi on ne la vit
jamais faillir et quand à plusieurs reprises
le canon des forts signalait la présence
de l'ennemi dans les villages voisins :

« Croyez-moi, ils ne viendront pas ici, répétait-elle aux sœurs inquiètes sur le sort de la ville, la Sainte-Vierge ne peut s'empêcher de nous exaucer, seulement prions bien. » C'est ainsi qu'elle soutenait et encourageait ses sœurs.

Cependant une partie de la maison avait été transformée en ambulance et des centaines de soldats malades ou blessés y reçurent les soins les plus dévoués. Là encore c'était la Mère qui encourageait ses filles dans les nobles mais pénibles fonctions d'infirmières... « Que nos sœurs sont dévouées ! disait-elle un jour, elles ne reculent devant rien ! Elles amassent des mérites, et moi je ne fais rien; si j'avais la force on ne me retiendrait pas à St-Joseph (c'était le nom de sa cellule) j'irais aussi soigner les varioleux. » — « Vous priez, ma Mère, et ce n'est pas rien. » — « Je prie un peu, mais que valent mes prières? En revenant de la chapelle je suis honteuse de voir que je n'ai pu soutenir mon attention seulement quelques instants, je n'ose plus lever les yeux vers le bon Dieu. »

Non contente de prier, la Mère Joseph prit une part active à la guerre, et c'est le côté amusant de la chose, s'il y avait pu avoir amusement dans ces jours de tristesse.

L'administration militaire avait prié les religieuses de fabriquer un certain nombre de cartouches pour les gardes nationaux. Sœur Joseph ne se doutait guère en entrant dans la congrégation, que les sœurs travailleraient un jour à la confection d'engins de guerre. C'est cependant ce qui eut lieu. Il paraît même que, pour arriver à une certaine dextérité dans ce genre de travail, il n'est pas nécessaire de faire un long noviciat, car quelques religieuses, dit-on, y réussissaient à merveille et méritèrent les éloges de l'administration.

Donc la Mère Joseph, qui donnait en tout l'exemple, voulut aussi le donner ici ; elle se mit à faire des cartouches : avouons toutefois qu'elle ne le fit pas sans quelques remords. Un jour que l'aumônier passait devant la fabrique en se rendant à la salle des malades, il aperçoit la supérieure à son poste : « Et vous aussi, ma Mère, lui dit-il. » — « Mais oui; on nous presse, on vient à chaque instant en chercher une charge. Je vous assure néanmoins que cette besogne me répugne, moi, religieuse, à mon âge, contribuer à tuer les hommes ! Tout à l'heure nous serons peut-être obligées de soigner ceux que ces balles auront blessés; cela ne devrait pas être permis à des religieuses. — En effet, reprit l'aumônier, cela paraît un peu répugner; seulement en cas de guerre tout est permis, excepté pourtant le péché; puis voici une raison qui peut calmer vos scrupules : ces cartouches ne tueront probablement personne; peut-être après la guerre abattront-elles quelques loups et quelques sangliers, ce qui est une excellente chose. » Cette explication parut lui plaire, elle sourit et se remit à la besogne. La guerre ne devait pas se terminer sans faire au cœur de la bonne Mère, une blessure profonde : elle apprend un jour que les Prussiens avaient massacré un de ses neveux, qui habitait Nogent-le-Roi. Tout d'abord cette nouvelle la renverse ; mais sous l'impression de la foi, elle domine sa douleur, adore les desseins de Dieu et, quand on lui dit qu'il a eu le temps de se reconnaître, reprend son calme ordinaire.

CHAPITRE XI

Nouvelles épreuves de sœur Joseph.
Sa dernière maladie et sa mort.
Son testament.

Dieu devait bientôt ravir la Mère à l'affection de ses enfants. Mais avant d'être reçue dans les tabernacles éternels, elle a encore du bien à faire, des épreuves à subir et une longue maladie à supporter.

Tout après la guerre, la Mère Joseph crut devoir appeler les sœurs en retraite. La retraite annuelle n'avait pu avoir lieu : la guerre avait plus ou moins exalté les esprits, les religieuses s'étaient trouvées dans des circonstances exceptionnelles et avaient sans doute couru de grands dangers. Les ressorts étaient déjà usés, la ferveur avait diminué; il leur fallait donc, le plus tôt possible, venir dans la solitude et entendre de nouveau la voix du Seigneur qui se tait ordinairement dans le bruit et l'agitation. Comme les classes étaient en pleine activité et qu'on ne pouvait les interrompre, on fit venir seulement les sœurs économes dont la présence n'était pas absolument nécessaire, au moins pendant quelques jours.

Cette retraite se distingua par un recueillement extraordinaire ; les sœurs sentaient qu'elles avaient besoin de parler à Dieu et de se reposer, dans son amour, de toutes les fatigues et de toutes les craintes qu'elles avaient éprouvées depuis de longs mois. La Mère Joseph s'en réjouit, et la fin de la retraite fut pour elle un des beaux jours de sa vie. Elle avait revu ses sœurs pour qui elle avait tant de fois tremblé, elle avait adouci leurs peines et calmé leurs inquiétudes ; elle les avait retrouvées fatiguées sans doute, mais remplies de bonne volonté et prêtes à servir Dieu de toutes leurs forces. Aussi à la messe de clôture célébrée par Monseigneur, ses traits avaient-ils quelque chose d'angélique et de surhumain. Laissons la parole à une religieuse, elle nous racontera l'impression que produisit en ce moment sur elle la Mère Joseph.

« En entrant à la chapelle, je cherchais des yeux où me placer quand notre Mère m'appelle à côté d'elle. Pendant la messe on voyait reluire sur son visage une joie qui n'était pas de la terre ; après la consécration ses yeux restent fixés sur l'autel, on comprenait qu'elle était plongée dans la contemplation amoureuse de la divine victime. Le moment de la communion venu, elle est toujours là immobile ; cependant on était sur le point d'aller à la table sainte, on attendait qu'elle partit la première, mais elle ne fit pas un mouvement ; alors je me permis de la frapper un peu du coude ; aussitôt, comme revenant d'une extase, elle me regarde et me dit :

« oh! que j'étais heureuse! » et elle part recevoir le Dieu qui la comblait de tant de joie. J'avoue qu'en la suivant à la sainte table je sentais mes genoux chanceler et je répétais de tout mon cœur : « Non, « Seigneur, je ne suis pas digne que « vous entriez dans mon âme, Ah! si elle « était préparée comme l'âme de notre « Mère! »

Après la retraite elle reprend ses occupations ordinaires; nous n'avons guère à noter que les larmes qu'elle a versées au récit des brigandages qui se sont accomplis dans la capitale pendant le mois de mai. Son cœur si tendre et si généreux était brisé en apprenant comment on avait massacré les prêtres et les soldats.

Cependant la Mère Joseph éprouvait une grande fatigue, la communauté en se développant faisait sentir à la supérieure un poids de plus en plus pesant. « Que je voudrais donc être auprès du bon Dieu, répétait-elle souvent. Il faut à la tête de la communauté une personne plus forte et plus capable que moi. Si j'avais seulement le temps de me préparer à la mort! » La faiblesse de son corps ne l'empêchait pas de s'occuper activement des besoins et des intérêts de la congrégation. Elle veut procurer aux jeunes sœurs le bonheur qu'elle a permis aux économes de goûter. Dès le mois de juillet elle les convoque, elles aussi, à une retraite qui aura lieu au mois de septembre. Elle les invite à demander au Seigneur « spécialement la charité mutuelle qui doit toutes les unir. Les cœurs religieux, ajoute-t-elle dans sa circulaire, ne doivent faire qu'un... Qu'il est agréable et bon, chères filles, que des sœurs habitent ensemble! Qu'y a-t-il de plus délicieux que d'appartenir à un corps dont les membres sont unis par les liens d'une sainte amitié! » C'était la recommandation de l'apôtre bien-aimé : « Aimez-vous les uns les autres. »

Ce cœur si bon qui recommandait et

surtout qui pratiquait si bien la charité allait encore être blessé dans ses plus chères affections. Le samedi 26 août, la veille d'une prise d'habit, alors qu'on se réjouissait en songeant que le lendemain seize novices allaient quitter les livrées du monde pour revêtir celles d'épouses de Jésus-Christ, un cri de douleur retentit dans la maison. La première assistante, sœur Zénaïde, vient d'être atteinte d'une attaque sanguino-nerveuse. Elle se confesse et reçoit les derniers sacrements avec une pleine et entière connaissance, puis elle n'a plus ni parole ni mouvement. Elle avait été frappée à cinq heures du soir le samedi et le lundi soir à huit heures elle était morte. Quel coup pour la Mère Joseph ! Sœur Zénaïde était son assistante, l'éclairait de ses conseils et la soutenait de son énergie, puis elle avait été autrefois sa compagne à Poissons ; aussi je n'oublierai jamais l'expression de douleur et de résignation que je vis peinte sur son visage pendant qu'elle contemplait cette pauvre sœur immobile sur sa couche d'agonie.

La mort de sœur Zénaïde n'était pas seulement un déchirement pour le cœur de la supérieure, mais elle faisait peser sur elle un surcroît de besogne qui devait l'épuiser bientôt. La retraite annuelle approchait, il y aurait sans doute des changements nombreux à faire et personne pour aider efficacement la pauvre Mère. Sœur Zénaïde, en sa qualité de visiteuse et d'assistante, connaissait les membres de la communauté, savait comment on pouvait utiliser les aptitudes et les talents de chacune, et la voilà enlevée subitement! Il est vrai que Monseigneur et M. le supérieur montrent à la maison, surtout en cette circonstance, un dévouement sans borne. Pendant tout le jour, M. Manois, et pendant une bonne partie de la journée, Monseigneur entendent les sœurs, examinent les motifs de leur changement, les con-

solent, les encouragent et, le soir, con-
fèrent avec la Mère.

La santé de la Mère Joseph ne semblait
pas avoir été sensiblement altérée par les
ennuis et les fatigues inévitables de la
retraite, néanmoins elle allait toujours
s'affaiblissant. Ses plaintes sur la longueur
de son pèlerinage devenaient plus ardentes
et plus amoureuses, lorsque sur la fin de
novembre elle est atteinte d'une pleurésie
qui inspire aux religieuses de vives inquiétudes. La malade avait un tempérament si
faible qu'elle ne pouvait supporter de
remèdes. Le neuvième jour de sa maladie,
le samedi 2 décembre, à cinq heures
du matin, elle reçut le saint Viatique et
l'Extrême-Onction. Il est impossible à
ceux qui n'en ont pas été témoins, de se
faire une idée de la foi, du recueillement et
de la tranquillité d'âme de sœur Joseph en
recevant ses derniers sacrements.

On ne peut exprimer par des paroles le
calme et la sérénité de la bonne Mère à ce

moment solennel où elle se disposait à entrer dans son éternité. « Dites bien au bon Dieu, lui disait le prêtre qui l'administrait : « Je ne refuse pas le travail; si je « suis encore utile à mes filles, laissez-moi « au milieu d'elles, mais que votre volonté « se fasse et non la mienne. » — « Oui, répétait-elle, oui, mon Dieu, comme vous voudrez, comme vous voudrez. » Quand l'Hostie sainte descendit de ses lèvres dans son cœur, au rayonnement de son visage, on voyait que le Seigneur avait pris possession de son temple et que, pour cette âme privilégiée, les joies intimes de la grâce divine allaient devenir bientôt les délices ineffables de la gloire. Cependant sa fin n'était pas si proche qu'on le pensait; vers huit heures un mieux sensible se fait remarquer, elle en profite pour appeler les sœurs autour d'elle. La bonne Mère leur recommande avec instance la charité et l'obéissance, et comme elle les voyait toutes fondre en larmes, elle ajoute :

« Et la soumission à la volonté de Dieu. »
Vers midi, le mieux se soutient, on lui offre
un peu de vin que Monseigneur avait eu la
bonté de lui envoyer : « Volontiers, dit-
elle, je serai heureuse de boire à l'épiscopat. » Ce mot soulagea la douleur des
assistants. Pendant qu'elle sentait encore
un peu de force, elle voulut voir le noviciat; à deux heures les novices et les postulantes sont introduites dans la chambre
de la malade, elles y entrent avec respect
et quand elle les voit toutes rangées autour
de son lit, la bonne Mère se soulève et leur
adresse à peu près ces paroles : « Je suis
heureuse de vous voir, je vous aime toutes,
vous le savez, et je vous aime sincèrement;
je désire que vous soyez un jour de bonnes
religieuses, mais pour cela vous devez
être soumises à vos maîtresses, elles sont
là pour vous conduire et vous aider, et si
vous êtes dociles, vous ne pouvez manquer
de bien faire. L'obéissance conduit à l'ordre et l'ordre à Dieu. Quand on obéit, on

ne se trompe jamais, tout réussit et on fait le bien. » Elle insiste encore sur quelques défauts particuliers dont elles doivent se corriger et elle termine par ces mots : « Voilà, mes enfants, ce que je voulais vous dire ; retournez maintenant à votre besogne et priez pour moi qui vais paraître devant Dieu. »

Personne plus qu'elle n'avait le droit de recommander l'obéissance, car tous les instants de sa vie ont été marqués au coin de cette belle vertu, et plus elle sentait sa fin approcher, plus son obéissance devenait grande. Dès les premiers jours de sa maladie, elle dit à son confesseur : « Je pense que le bon Dieu va m'appeler à lui cette fois, mais ma maladie peut être assez longue. Eh bien, vous connaissez les besoins de mon âme, vous la soignerez, cette pauvre âme, comme vous la connaissez, vous me donnerez la sainte communion quand vous le jugerez à propos, je ne veux rien demander ni rien refuser. Si je ne puis qu'obéir, au moins j'obéirai. » Elle obéit si bien que pendant les sept semaines que dura sa maladie, elle n'exprima pas un seul désir à ce sujet, seulement quand l'aumônier lui offrait de la confesser et de lui apporter la sainte communion : « Vous savez que je suis à vos ordres, » répondait-elle avec un sourire de contentement, et l'expression d'une joie toute divine se faisait remarquer aussitôt sur son visage. « Combien je vous remercie du soin que vous prenez de mon âme, ajoutait-elle, quand je serai au ciel, je prierai pour vous et pour le bon M. Briffaut (1). »

Avant que notre chère malade n'aille recevoir sa récompense, notons encore quelques-unes de ses paroles qui révèlent si bien la beauté de son âme. Instruisons-nous auprès de ce lit de douleur et con-

(1) M. l'abbé Briffaut, directeur-économe au petit séminaire, et l'aumônier de la maison lui apportaient tour à tour la sainte communion de très-grand matin, plusieurs fois la semaine.

templons le plus beau spectacle qu'il soit
donné de voir sur la terre : l'âme du juste
aux prises avec la souffrance et brisant
peu à peu les liens qui la rattachent à son
corps pour s'envoler radieuse dans les
cieux. Nous allons suivre, jour par jour,
les progrès du mal et admirer aussi, jour
par jour, les progrès de l'amour divin qui
consume la vénérable malade.

Du 15 au 25 décembre, il semble que le
mal diminue, l'espoir renaît un peu dans
la communauté, mais sur la fin du mois,
on voit clairement qu'il n'y a pas de guérison. L'année se terminait tristement pour
les sœurs de la Providence, on ne pouvait
se faire illusion, bientôt ces pauvres filles
seront orphelines.

Nous sommes aujourd'hui au premier
jour de l'an de grâce 1872. La bonne Mère
avait fait la sainte communion tout après
minuit et en avait ressenti d'ineffables
délices : « Oh! quel bonheur j'ai éprouvé
aujourd'hui après la sainte communion!

disait-elle le matin aux sœurs qui la gar-
daient, j'étais si contente que je ne savais
rien dire au bon Dieu. Oh! qu'il est bon. »
Puis après un instant de silence elle répétait : « Oh! qu'il est bon!... J'aurais voulu
chanter le beau cantique et vous ne l'avez
point commencé... Je désirais bien vous
appeler, mais vous dormiez si bien toutes
les deux, que je n'ai pas voulu vous éveil-
ler. Je suis restée toute seule avec Notre-
Seigneur... J'étais si heureuse que j'en
étais étourdie... Je ne trouvais rien à lui
dire. » — « Alors, lui dit une sœur, nous
allons le chanter ce beau cantique, pour-
rez-vous le chanter avec moi? » Aussitôt
la bonne Mère se mit à chanter :

> Le ciel est ma patrie,
> Au ciel est mon bonheur.
> Allons près de Marie,
> Allons près du Sauveur.

Toute la journée s'est passée dans ces
sentiments de reconnaissance et d'amour.

Plusieurs sœurs viennent la visiter, elle

a un mot pour chacune. A l'une elle dit :
« Mon temps est fait, ma bonne sœur, vous
ferez le vôtre aussi ; du courage, faisons
toujours le bien sous l'œil de Dieu. » — A
une autre : « Continuez de travailler pour
le bon Dieu et à la mort vous serez bien
contente. » — « Vous voulez donc nous
quitter, ma Mère, » lui disait une sœur? —
« Je ne veux rien, répondit-elle, rien que
faire la volonté de Dieu ; s'il veut que je
reste, je me soumets, je ne refuse pas de
travailler ; s'il m'appelle à lui, je me soumets encore ; il sait ce qu'il me faut. »

2 janvier. — Avant de partir pour le
ciel, la Mère Joseph voulait mettre tout en
ordre dans sa maison. Elle recommande
d'avoir soin des ossements de M. Leclerc
et du cœur de Mgr Parisis. Elle désire
qu'une partie des restes mortels de sœur
Françoise soit placée au noviciat : « Il est
bon, disait-elle, que ces enfants aient sous
les yeux quelques fragments de ces restes
précieux qui seront pour le noviciat une

source de bénédictions. Il faut parler souvent aux novices de nos premiers supérieurs. » Puis elle entrait dans une foule
de détails, insistait pour qu'on ne laissât
pas perdre les livres et les autres objets
provenant des vénérables fondateurs de la
communauté, et qu'on prît un soin particulier du petit secrétaire de Mlle Roger et
de l'armoire de M. Leclerc. « Toutes ces
choses, dit-elle, doivent être considérées
par nous comme des reliques. » Inutile de
dire que la bonne Mère eut toujours pour
ces vénérables fondateurs un respect tout
filial ; elle aimait à reporter souvent sa
pensée au berceau de la congrégation, elle
fêtait particulièrement le jour où huit
pieuses filles s'étaient réunies pour la première fois chez Mlle Roger, sous la présidence de M. Leclerc, pour jeter les fonde-
ments de la communauté. Afin de perpétuer
à la maison le souvenir de ce jour mémo-
rable, elle voulut fonder une messe d'action
de grâces qui doit être dite chaque année,

le 27 janvier, pour remercier Dieu des grâces signalées qu'il a accordées à la congrégation. Elle signa elle-même, quelques jours avant sa mort, la pièce par laquelle elle en faisait la demande à Monseigneur. Ce fut la dernière signature qu'elle donna. Dans la soirée, elle parlait avec beaucoup d'intérêt de quelques sœurs qui avaient été très-dévouées à la communauté et qui étaient mortes depuis peu de temps : « Comme tout passe, disait-elle, même le souvenir des personnes que nous avons aimées ! »

Le lendemain on l'entendit de nouveau soupirer vers le ciel : « Oh ! que je suis contente de m'en aller auprès du bon Dieu ! Que je serai heureuse alors ! Aussitôt que je le verrai, ce bon Jésus, je me jetterai dans son cœur, je m'y enfoncerai bien loin, bien loin. Non, il ne me repoussera pas... Je verrai la Sainte-Vierge ma bonne Mère et saint Joseph mon bon patron qui m'a obtenu tant de grâces. Oui je les

verrai et je serai avec eux pour toujours ! » Elle prononçait ces paroles avec
tant d'énergie et d'amour que la personne
qui la gardait sentit comme un frisson
parcourir tous ses membres. Elle croyait
être en la compagnie d'un habitant des
cieux ; c'est qu'en effet en ce moment la
bonne Mère ne tenait plus à la terre. Puis
descendant peu à peu de ces hauteurs où
l'avaient transportée les élans de son
amour, elle parle avec une simplicité
d'enfant des pratiques de dévotion de son
jeune âge.

Le jour de l'Epiphanie, la Mère Joseph
fait une communion d'action de grâces.
Notre-Seigneur, qui ne se laisse pas vaincre en générosité, lui accorde une nouvelle
faveur. On annonce l'arrivée à la maison
d'un Père capucin qui l'avait admise autrefois dans le tiers-ordre de saint François. Elle eut avec le Père Alexandre un
entretien assez long, et après le départ du
Père elle disait à ses sœurs : « Vraiment,

combien Dieu est bon! Je lui avais toujours demandé de ne pas mourir sans avoir reçu l'absolution d'un Père capucin, et voilà que j'ai eu toutes les faveurs qu'on accorde aux tertiaires de saint François. Mon Dieu, je vous remercie de tout mon cœur, s'écriait-elle en joignant les mains. Que de grâces .le Seigneur m'a faites depuis ma naissance, surtout depuis mon entrée en religion! J'ai eu bien des croix et des peines de toute nature, mais aussi que de joies j'ai éprouvées! Si les personnes du monde savaient, oui, si elles savaient quel bonheur on goûte au service du bon Dieu, elles voudraient toutes se donner à lui. »

Une sœur avait l'habitude de vendre les chiffons et la ferraille qui se trouvaient à la maison, et le prix servait à faire dire des messes pour les sœurs défuntes. La bonne Mère demande un jour à cette religieuse si elle a beaucoup de chiffons. « Oui, répond celle-ci qui avait compris le sens de sa demande, et encore de la ferraille, j'espère pouvoir vous faire dire au moins trente messes. — Tant mieux, reprend la Mère, je ne resterai pas si longtemps en purgatoire. »

Cependant l'enflure, qui avait commencé aux jambes, montait et menaçait d'envahir tout le corps. La pauvre Mère souffrait beaucoup. Un jour que des sœurs de campagne la voient en cet état : « C'est vous, ma Mère, lui dirent-elles en pleurant, c'est vous qui souffrez de la sorte? » La vénérable supérieure les regardant avec sa bonté ordinaire : « Oui, mes bonnes sœurs, c'est moi, voyez en quel état le péché m'a réduite ! — Non, ma Mère, ce ne sont pas vos péchés, mais ceux de vos filles que vous expiez. — Passons là-dessus, le bon Dieu veut que je souffre, je le veux aussi, demandez-lui pour moi la grâce de bien profiter de mes souffrances. » Elle leur demande aussitôt des nouvelles de leurs compagnes. Ses propres souffrances ne lui faisaient oublier personne. En se retirant,

ces sœurs prient leur Mère de les bénir :
« Que Jésus, Marie et Joseph vous bénissent, dit-elle, marchez toujours en leur sainte compagnie. Que vos saints anges gardiens aussi vous accompagnent partout et toujours. Adieu, mes bonnes sœurs. »

« Allons, dit-elle avec sa gaieté habituelle, il est temps de jeter le paquet sur le grabat (elle parlait de son corps). Comment ferez-vous, car il me semble que je pèse dix livres de plus que lorsque vous m'avez levée. Allons, continuait-elle en riant, allons, mes amis, mes frères et mes sœurs, réjouissez-vous, le festin s'apprête, bientôt vous pourrez vous rassasier. — Quels sont donc ces amis que vous invitez si bien? lui demande-t-on. — Mais les vers, répondit-elle, bientôt mon pauvre corps n'aura point d'autres amis; il faut bien que je les invite. » Et comme elle voyait ses sœurs tristes : « Vous êtes bien silencieuses, dit-elle, c'est sans doute parce que vous voyez que je vais mourir, mais le bon Dieu vous restera. Est-ce qu'il ne vous suffit pas? Voyons, poursuivait-elle toujours aussi gaie, que ferez-vous de mon cadavre quand je serai morte? » On lui parle un peu des projets qu'on forme à ce sujet, on lui dit que peut-être on voudra avoir son cœur pour le conserver avec celui de sœur Françoise; immédiatement un petit mouvement de répulsion se fait remarquer sur son visage, lorsque reprenant son calme : « Nos supérieurs sont là, dit-elle, ils feront ce qu'ils jugeront à propos de faire, seulement promettez-moi de ne rien provoquer, laissez faire, mais ne dites rien, et vous serez là (1). » Le même jour elle fait préparer tous les petits objets de dévotion qu'on doit mettre dans son cercueil. « Ne me laissez pas mourir sans

____

(1) Aussitôt après la mort de la Mère Joseph, les sœurs supplièrent Monseigneur de leur permettre de conserver son cœur: mais Sa Grandeur, par respect pour la défunte, refusa d'accéder à leur demande.

que j'aie le scapulaire et le cordon de saint
François. » Elle choisit elle-même le chapelet et le christ qu'on devait lui mettre
dans la main. Elle avait deux christs également enrichis d'indulgences ; l'un, elle le
portait depuis longtemps, et l'autre était
neuf. Les tenant tous les deux, elle demande lequel elle doit garder. « Gardez le
neuf, » lui répond-on. Aussitôt elle remet
le vieux entre les mains de la sœur qui
avait tranché la question, prend l'autre, le
baise avec amour et recommande qu'on ne
le laisse pas échapper de sa main tant
qu'elle n'aura pas rendu le dernier soupir.
« Vous aurez soin, ajoute-t-elle de me
faire prononcer les saints noms de Jésus,
Marie, Joseph, et vous prierez beaucoup
quand je serai à l'agonie. Vous direz le
chapelet de la miséricorde pour que Dieu
me fasse miséricorde. »

Dans la soirée arrive, comme de coutume, M. le docteur de Confévron qui lui
a prodigué pendant toute sa maladie, les

soins les plus empressés et les plus intelligents. La bonne Mère le regardant en
souriant : « Nous sommes sur le déclin de
la vie, M. le docteur, dit-elle, faites-moi
donc un plaisir aujourd'hui. — Bien volontiers, si je le puis. — Dites-moi si je
serai encore longtemps sur la terre; pas-
serai-je la nuit? — Mme la supérieure,
quand on a l'usage de ses facultés comme
vous l'avez, on ne pense pas encore à s'en
aller. — M. le docteur, j'ai toujours demandé au bon Dieu la grâce de mourir
avec toute ma connaissance. — Madame,
le bon Dieu vous a exaucée. » Il se retire
tout ému; du reste M. de Confévron sortait toujours très-impressionné de la chambre de la malade. « Il faut reconnaître une
sainte dans Mme la supérieure, disait-il un
jour à une sœur, depuis quarante-cinq ans
je n'ai encore rencontré dans mes malades
qu'une religieuse aussi calme et aussi
sainte que votre Mère. » Après le départ
du docteur la malade demande comment

il l'avait trouvée. « Nous allons vous le dire tout simplement, lui répond-on, M. de Confévron vient de dire que si dans une heure on venait lui annoncer votre mort, il n'en serait pas surpris, que cependant vous pouvez encore aller quelques jours. — Et combien de jours me donnez-vous encore, vous? — Peut-être trois ou quatre... — Trois ou quatre jours! Cela n'est pas possible, je ne puis plus attendre, il faut que j'aille vers le bon Dieu. — Allons, ma Mère, prenons courage, lui dit une sœur, plus que quelques jours à souffrir, puis être toujours avec le bon Dieu. — Oui, chère enfant, comme le bon Dieu voudra. » C'était le 12 janvier.

Le soir de ce même jour, il se passa dans la chambre de la Mère Joseph une scène bien touchante. Il y avait alors à l'infirmerie une sœur qui souffrait horriblement et qui devait aussi paraître bientôt devant le bon Dieu. Depuis plusieurs années un cancer affreux lui rongeait la partie supérieure de la tête, un œil déjà était perdu et l'autre était fortement atteint : ses souffrances n'avaient d'égal que son courage, qui était vraiment héroïque. Apprenant que la bonne Mère était sur le point de quitter ses enfants, elle voulut aller lui faire ses adieux. Elle ramasse tout ce qu'elle a de force et se traîne appuyée sur le bras d'une infirmière jusque dans la chambre de la malade. « Ma Mère, lui dit-elle, je viens vous dire au revoir. » — Allons, ma bonne sœur Léon, répond la Mère, encore quelques jours et nous irons auprès du bon Dieu ! Qu'il est bon de nous avoir créées, de nous avoir rachetées, de nous avoir choisies pour ses épouses et de se donner à nous en récompense pour toujours, toujours, toujours ! Oh que Dieu est bon ! Ma 74ᵉ année s'achèvera demain, que je serais heureuse de commencer la 75ᵉ au ciel ! » Après un instant de silence elle demande qu'on lui chante l'hymne du saint nom de Jésus. Ne pouvant chanter elle-même, elle témoigne par le mouvement de ses mains qu'elle comprend les paroles. A la fin elle répétait : Oh la belle hymne! Que le nom de Jésus est doux! » Après quelques minutes d'une conversation qui n'était pas de la terre, la fille quitta la Mère pour la revoir bientôt au ciel.

Le lendemain samedi, la malade eut une faiblesse et semblait à l'agonie. On récite les prières des agonisants devant le Saint-Sacrement exposé et Monseigneur l'Evêque daigne venir lui-même bénir la pauvre moribonde. Plusieurs fois déjà Sa Grandeur lui avait fait visite pendant sa maladie; mieux que personne Monseigneur avait pu apprécier les vertus simples et modestes de la Mère Joseph et comprenait la perte qu'allait faire la communauté. Elle se remit peu à peu. Nous sommes arrivés au 14 janvier. Elle avait toujours désiré mourir le 14 janvier, jour anniversaire de sa naissance et de son baptème, et cette année l'Eglise célébrait ce jour là

même la fête du saint Nom de Jésus. « Ah
si notre bon Sauveur, par son nom si doux
et par son cœur si tendre, daignait m'em-
mener le dimanche où l'on fête son Nom
adorable ! » disait-elle quelquefois ! Un instant on crut qu'elle serait exaucée. A trois
heures du matin elle eut une nouvelle faiblesse. « Ma Mère, lui dit une sœur, voici
probablement l'heure du départ, nous voilà
toutes autour de vous, nous direz-vous
encore une parole ? »

La pauvre Mère après quelques minutes
releva légèrement la tête et put faire entendre ces mots : « Vivez pour Dieu. » Toutes
les religieuses étaient en prières et quand
elles s'aperçoivent que la malade va un
peu mieux, elles interrompent un instant
leurs oraisons. « Priez toujours, nos
sœurs, disait la Mère, je prierai pour
vous quand je serai auprès du bon Dieu. »
La journée se passe sans qu'on remarque
de changement, le bon Jésus voulait lui
laisser encore célébrer sur la terre la fête

de son saint Nom, afin d'édifier plus longtemps ses filles.

Le lendemain lundi, à trois heures du
soir, elle eut encore un quart d'heure d'as-
soupissement. Toutes les sœurs tracent
sur elle le signe de la croix avec un cierge
bénit. Sur ces entrefaites arrive à la communauté la statue de N.-D. de la Salette.
On se rappelle que pendant la dernière
guerre la Mère Joseph avait fait vœu d'a-
cheter une statue de N.-D. de la Salette si
la maison de Langres était préservée des
malheurs qui la menaçaient. Or c'était
cette statue qui arrivait. La bonne Mère
pourra-t-elle la voir ? Vite on appelle un
ouvrier qui décloue prestement la caisse
et la statue est aussitôt portée auprès du
lit de la malade. Ses yeux qui étaient
presque toujours fermés s'ouvrent et regardent à plusieurs reprises la statue tant
désirée, en même temps qu'un gracieux
sourire effleure ses lèvres, puis ils se fer-
ment de nouveau, comme pour laisser son

âme dans un recueillement plus profond. Quelques heures encore, et elle verra non-seulement l'image de Marie, mais Marie elle-même, lui tendant les bras pour la recevoir. Vers 10 h. 1/2, les sœurs qui l'assistent s'aperçoivent qu'elle est à son dernier moment « Ma mère, lui dit-on, cette fois voici l'époux qui vient. » Aussitôt son visage parut plus recueilli encore. « Ma Mère, voici les Anges et la troupe des Vierges qui viennent au devant de vous... Les voyez-vous ? » Et la malale par un signe répondait affirmativement. Puis trois grosses larmes tombent de ses yeux et elle rend son âme à Dieu sans le moindre effort. C'était le lundi 15 janvier, à 11 heures du soir. Ainsi s'endormit dans le Seigneur, au commencement de sa 75ᵉ année, la R. Mère Joseph, après 48 ans de profession et 28 ans de supériorat.

Ses funérailles eurent lieu le jeudi 18 janvier, dans la chapelle de la communauté. Elles furent ce qu'elles devaient être, simples et recueillies. Le clergé en y assistant si nombreux voulut montrer à la fois son estime pour la digne supérieure et l'intérêt qu'il porte à la congrégation. Plus de deux cents sœurs, une de chaque établissement, accompagnèrent à sa dernière demeure celle qu'elles aimaient toutes comme leur Mère et qu'elles vénéraient comme une sainte. Selon qu'elle en avait exprimé le désir, la bonne Mère fut enterrée à Sainte-Anne, dans le cimetière qu'on avait préparé depuis quelques mois seulement. On déposa dans sa fosse quelques restes de sœur Françoise, première supérieure générale, afin que celles qui s'étaient aimées pendant la vie ne fussent pas séparées dans la mort.

Quelques jours après, M. le supérieur lut à la communauté, qui fondait en larmes, le testament spirituel de la défunte avec ses dernières volontés qui sont datées du 8 septembre 1870. Nous transcrivons du reste ce précieux document.

Au nom de la Sainte-Trinité, Père, Fils et saint Esprit. Ainsi soit-il.

Moi, Marie-Jeanne Carbillet, en religion sœur Joseph, incertaine de l'heure de ma mort, considérant qu'il ne me reste que peu de temps à vivre et que le jour approche où mon sort sera fixé pour l'éternité, humblement prosternée devant Dieu, créateur et conservateur de toutes choses et souverain juge des vivants et des morts, après avoir invoqué l'assistance du Saint-Esprit, de Jésus, de Marie, de Joseph, de mon bon ange et de mes saints patrons, j'ai fait, pour la plus grande gloire de Dieu, ce présent testament spirituel afin de faire connaître les grâces dont le Seigneur m'a comblée et de manifester mes dispositions à l'égard de la religion et de ma chère congrégation.

J'atteste avec un vif sentiment de reconnaissance, que le bon Dieu m'a fait naître de parents chrétiens qui m'ont élevée dans les principes religieux, et je prie le Seigneur de les récompenser dans le ciel, où j'espère, par la grande miséricorde de Dieu, aller les rejoindre, ainsi que mes chers supérieurs et nos bonnes sœurs.

Je déclare que dès mes plus tendres années, je me suis sentie attirée vers la vie religieuse et que je soupirais après le moment où il me serait donné de sortir du monde, pour me consacrer à Dieu dans ce saint état. Devenue religieuse, je devais être la dernière de la communauté, vu mon ignorance et mon indignité, mais en religion le bon Dieu soutient les faibles en leur donnant des supérieurs éclairés pour les conduire et les diriger dans la voie qui leur est tracée par leurs saintes constitutions.

Je déclare aussi que depuis ma plus tendre jeunesse jusqu'à ce jour le Seigneur m'a comblée de grandes grâces auxquelles je n'ai pas toujours correspondu ; je m'en humilie et lui en demande pardon, le priant d'avoir plutôt égard à ma faiblesse qu'à ma malice. Si je survis à cet écrit je supplie Dieu de me continuer ses grâces de prédilection, et je lui promets avec son secours de m'en rendre moins indigne.

Je remercie mes chers et vénérables supérieurs de m'avoir supportée avec toutes mes misères ; je leur demande pardon de tous les ennuis que j'ai pu leur occasionner par mon peu d'humilité. Je demande également pardon à toutes nos sœurs, de la peine que j'ai pu leur causer et du scandale que j'ai pu leur donner.

Je vois que je deviens une servante inutile, sinon je dirais au Seigneur que je ne refuse pas de vivre encore pour travailler à sa gloire et à mon salut, puisque c'est dans ce but que je me suis faite religieuse. Quant il plaira au bon Dieu de me retirer du monde, je le prierai par les mérites de son adorable Fils et par ceux de la très-sainte Vierge, d'oublier les péchés que la fragilité humaine m'a fait commettre, et de vouloir bien recevoir mon âme dans le sein de sa miséricorde.

Je veux mourir dans la religion catholique, apostolique et romaine ; je crois tout ce que l'Eglise croit et enseigne : je n'ai jamais douté. Je fais de bon cœur à Dieu le sacrifice de ma vie en expiation de mes péchés ; je quitte cette vie sans regrets. Je désire recevoir les sacrements de l'Eglise avant d'être à l'extrémité. Je remets mon âme et mon salut entre les mains de mon ange gardien.

Ayant fait des vœux, je me contente d'exposer mes désirs à mes supérieurs. Je désirerais qu'on dît deux cents messes dans la chapelle de la communauté pour le repos de mon âme et deux cents dans les séminaires pour moi et pour mes parents défunts ! Si nos bonnes sœurs veulent bien me donner mes vœux, un chapelet avec un gros Christ et tous nos différents scapulaires.

Oserai-je aussi demander un livre pour

mes nièces; cependant si cette demande est en opposition avec mes vœux, je la retire. Je désire aussi être enterrée à Sainte-Anne; ce même jour, on pourrait transporter les restes de ma sœur Françoise et de ma sœur Marie. Quant à notre bon Père Carbillet, il y sera transporté le plus tôt possible, je l'espère. Que nos bonnes sœurs soient prévenues aussitôt après ma mort, afin qu'elles m'aident par leurs prières et leurs communions à payer mes dettes qui sont énormes. Si le bon Dieu me fait la grâce d'aller au ciel, je n'oublierai pas les personnes que j'aime et qui m'ont fait du bien.

Telles sont mes intentions. Je mets toute ma confiance, après Dieu, en ma divine mère, je la prie de m'assister au moment de la mort et de me présenter elle même au souverain Juge.

En terminant cet acte qui est mon vrai testament spirituel écrit de ma main, je prie le Seigneur de l'avoir pour agréable et de m'accorder la grâce de mourir de la mort des justes, afin que mon âme sortie de ce monde vive en Dieu par son infinie miséricorde.

Je sais que vous serez mon juge, ô mon Dieu, mais maintenant vous êtes mon Père et mon Sauveur, ayez donc pitié de ma pauvre âme, je veux la sauver, je veux mourir en vous aimant et rendre mon dernier soupir en votre divin Cœur ; et que ce soit un soupir d'amour, ô mon Jésus !

Mon Dieu, faites que je vous aime dans le temps et dans l'éternité où je serai un jour réunie pour jamais avec mes parents, mes amis, mes bienfaiteurs, mais surtout avec ma chère communauté.

Je vous prie de nous bénir tous, mon Seigneur et mon Dieu, mais daignez surtout me bénir, moi, votre pauvre servante devenue votre épouse ; écoutez la prière que je vous adresse dans la simplicité de mon cœur, ô mon Sauveur Jésus ! C'est par ma divine Mère, par mon glorieux

patron saint Joseph et par mon bon ange
que je vous l'offre, j'ai la ferme confiance
que vous l'exaucerez. Au nom du Père et
du Fils et du Saint-Esprit. Ainsi soit-il.

Sœur Joseph.

Nous n'ajoutons rien à ces lignes sublimes qui nous montrent la digne Mère
Joseph telle qu'elle fut toujours, humble,
obéissante, pleine de foi et de confiance en
Dieu.

La communauté voulut recouvrir d'une
tombe la fosse de la Mère Joseph. A la
clôture de la retraite du mois de septembre, M. le supérieur bénit le monument et
adressa aux sœurs quelques-unes de ces
paroles du cœur dont il a le secret, et que
nous essayons de reproduire.

« Bonne Mère Joseph, où êtes vous ?
sous cette tombe reposent vos restes mortels, mais ces restes ne sont pas vous ! Où
êtes vous donc? Votre âme habite sans
doute déjà le séjour de la gloire et jouit de

la vue de Dieu, de ce Dieu que vous aimiez tant et que vous craigniez tant d'offenser ! Si vous avez été obligée de passer par les flammes du Purgatoire, il faut être si pur pour entrer au ciel ! les prières nombreuses et ferventes qu'on a adressées à Dieu pour vous, vous ont tirée de ce triste séjour, ou, si la justice divine vous y retient encore, vous en feront bientôt sortir pour vous introduire dans le lieu de rafraîchissement, de lumière et de paix.

« Mais, ma bonne mère, tout en savourant les ineffables délices de la patrie, vous demeurerez toujours au milieu de nous par les grands exemples que vous nous avez donnés, vous vivrez toujours par votre esprit dans le cœur de vos filles ! Quand je repasse dans ma pensée les vertus que j'ai si souvent admirées en vous, je suis heureux de songer que vous les avez léguées comme un riche héritage à vos filles bien aimées.

« Oui, mes chères sœurs, conservez

pendant toute votre vie, et transmettez à celles qui viendront après vous le souvenir des vertus de votre mère Joseph, de cette foi vive d'où découlaient son inébranlable confiance en Dieu et sa tendre et solide piété, de cette obéissance qui plaçait constamment sa volonté en la main de ses supérieurs, de cette humilité d'esprit et de cœur qui la portait à se regarder comme la dernière de toutes, de cette simplicité qui lui inspirait tant d'éloignement pour tout ce qui sentait la recherche de la prétention.

« Que votre esprit, bonne Mère, vive à jamais dans cette communauté qui vous est si chère et pour laquelle vous prierez du haut du ciel! Il ne me reste plus qu'à vous dire au revoir. Oui, au revoir, bonne Mère, à bientôt j'espère!... »

Ces paroles si bien senties émurent vivement l'assistance et les religieuses en se retirant se promirent bien de marcher sur les traces de leur Mère défunte et de con-

server à la communauté le cachet d'humilité et de simplicité que la bonne Mère
avait su maintenir.

TABLE DES MATIÈRES

———

Chapitre I. — Enfance et première éducation de Marie-Jeanne. — Son noviciat. 1

Chapitre II. — Sœur Joseph économe à
Poissons. — Son zèle pour l'éducation
des enfants et le soin des malades..... 24

Chapitre III. — Comment sœur Joseph dirige la maison de Poissons. — Sa vie
intérieure 52

Chapitre IV. — Sœur Joseph est nommée
supérieure. — Comment elle se conduit
à l'égard des sœurs du conseil........ 75

Chapitre V. — Sœur Joseph et le noviciat. 113

Chapitre VI. — Rapports de sœur Joseph
avec les divers établissements. — Les
avis qu'elle donne aux économes, aux
sœurs des malades et aux sœurs de
classes............................ 137

Chapitre VII. — Relations des sœurs avec
MM. les curés. — Santé des sœurs. —
Vœux de religion.................... 156

— 316 —

Chapitre VIII. — Vertus de sœur Joseph..   190

Chapitre IX. — Développement de la con-
    grégation. — Sœurs auxiliaires. — Ou-
    vroir et pensionnat. — Sainte-Anne...   225

Chapitre X. — Comment la Mère Joseph
    est secondée par NN. SS. les évêques
    de Langres et par des prêtres zélés.....   244

Chapitre XI. — Dernière maladie et mort
    de sœur Joseph. — Son testament....   274

Langres, imp. Firmin Dangien.